夢との対話

心理分析の現場

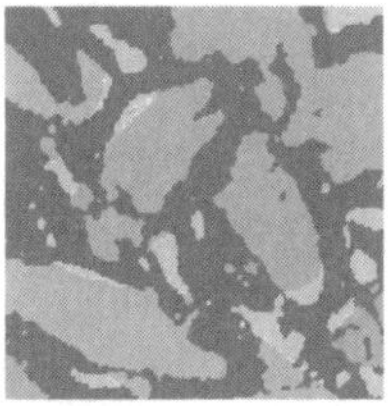

滝口俊子

TRANSVIEW
トランスビュー

① 初めて作った箱庭「泉に沿いて茂る菩提樹 1」(P. 44)

②「泉に沿いて茂る菩提樹 2」(P. 45)

③「森と湖の国スイス」（P. 46）

④「海からの贈物」（P. 46）

⑤「たった一人」(P. 47)

⑥「水の湧いている池」(P. 48)

⑦「船出」(P. 48)

⑧「お城の庭」(P. 49)

⑨「知性化の世界にさようなら」(P. 49)

河合隼雄先生と著者(国際日本文化研究センター所長室にて)(P. 112)

⑩「山上のダンス」(P. 53)

⑪「祈り」(P. 53)

⑫「ご回復を祈って」(P. 54)

⑬ 河合隼雄先生逝去後に作った箱庭 (P. 54)

シュピーゲルマン夫妻らが河合先生の墓参りをしたとき、太陽のまわりを丸い虹が囲んだ（撮影・樋口和彦）（P. 164）

記念樹、白とピンクのはなみずき、その間にプレートが飾られている（P. 164）

夢との対話——心理分析の現場——＊目次

装幀　クラフト・エヴィング商會
［吉田篤弘・吉田浩美］

夢との対話

心理分析の現場

第1章　教育分析の始まり

1　初回の面接

一九八五年四月十六日（火曜日）三時のアポイントメントの五分前に、京都大学の河合隼雄先生の研究室の前に立つ。ドアのボードの「在室」の印を確かめて、向かい側の掲示板に目を向けるや否や、後ろに気配を感じて、振り向く。河合先生がドアを開けて立っていらっしゃった。私を待っていて、足音に気づいてくださったのかもしれないと思い、嬉しくなる。「どうぞ」と研究室に招き入れてくださった。

「こちらへどうぞ」と、本棚の横の小さなテーブルを挟んだ椅子を勧めてくださる。向かい合って椅子にかけると、「研究室なので電話が入って、申し訳ないんですが」「じゃ、生活史、うかがいましょうか」とおっしゃる。

分析料や分析の回数、見通しなど、面接の枠のことを尋ねたかったけれど、まずは先生のおっしゃるようにと、私の誕生から話し始めた。

「第一回目は、簡単にライフヒストリーをきくと思います」とお便りをいただいていたので、貴重な面接時間を有効に使うために家族関係や私の生活史を整理しておこうか、とか、準備せずにその場で思い浮かぶままに話すことを期待していらっしゃるかしら、と迷いに迷って、先生とお会いした場で思い浮かんできたことを聴いていただこうと決心していた。

実家の父は油絵を描いていて、現役の画家であること。国語の教師をしている母は三浦家三十八代の跡取りの兄と住みたかったけれど、父の希望で次女の私たち家族が同居していること、銀行員の弟はピアニストと結婚していること、などに関心を示されたが、私の誕生からの生い立ちの説明には、「はあ」「はあ」と、何も問わずに聴いていてくださる。五十分の面接時間内に現在に至るまでを聴いていただこうと思い、説明を時々はしょる。先生は二度ほど腕時計をチラッチラッと見られ、職業的な関係であるという現実を感じた。

先生から質問されたことは、父の年齢、医者の夫の専門、私が所属している慶應グループ（慶應義塾大学医学部精神神経科心理研究室）では、ほとんどの人が「教育分析」を受けていないこと。フロイトの考えを継承する精神分析学派では、河合先生のユング派同様、治療者自らが分析を受ける教育分析の重要性がいわれていたが、当時の我が国のフロイト派には教育分析を行なえる人が少なく、受けられる機会は限られていた。

河合先生は「僕のところから向こう（慶應）に行くことは何でもないけれど、こちらへ来るということは画期的です」とおっしゃった。嬉しくなった私は、河合先生に教育分析を始めていただけることになったと小此木《おこのぎ》啓吾《けいご》先生に報告した夜、小此木先生は慶應のサイコロジスト（当時まだ臨床心理士という名称はなかった）の片山登和子先生に電話で、「本来ならば破門もの」とおっしゃったことを、思わずお話ししてしまう。河合先生は「小此木先生とお会いしていて、最近は、（医者独特の権威的な態度から）ずいぶん変わられたと感じます」「京都でお会いする時は、東京でとは違う（京都では柔軟であられるとの意味に私はとる）」と話された。

そして、「（慶應グループの）馬場禮子先生の分析者は誰ですか」と尋ねられるなど、しだいに日常場面での会話ふうになっていった。私は、自分自身について語る時は顔を上げにくく、下を向いてお話ししていたが、日常的な話題の時には、先生のお顔を見て話していた。

「来週から夢を聴きます」とおっしゃったあと、「夢を（自身の）本などに書くということはしません。これまでに書いた夢は、全部、本人に許可を取りました。まあ、書くことはないでしょう。二十年ほどしたら書くかもしれないけれど」と、ほほえまれた。私は、河合先生が本人に黙って面接の内容を漏らされるという心配を、まったくしていなかった。臨床家としての河合先生を、全面的に信頼していた。その後も、先生が対談などで名前は伏せて私のことを話されたり、新聞のコラムに紹介されたりした時には、必ず伝えてくださった。

この日、お話ししているうちに明確になってきたことは、私が信頼していた中学時代の学校付き牧師の側垣《そばがき》正巳先生、短期大学の教員時代の学長の酒向《さこう》誠先生と速水敏彦先生、慶應の小此木啓吾先生、そして河合先生を、私は〝理想のお父さん〟と感じているということであった。子ども時代の私は、現実の父との関係が薄く、父に対して〝お父さん〟という親しみは乏しかった。

面接時間が終わり近くになって、分析料について質問すると、「八千円にしています。いいですか」と確認された。分析料が京都大学教育学部への内地留学の研修費に含まれていたら、という淡い期待がなかったわけではないけれど、一方で、私も自分のクライエントから同額の面接料を受け取っていたので、先生に申し訳ない気持ちになる。

東京に住む家族との生活と京都での研修のために出費多々の折でもあるので、私から面接料の値上げを申し出ることはやめて、次の質問をした。来年も分析を続けていただけるかどうか（本当にお願いしたかったのは、私の勤務先の立教女学院の研究休暇が一年間なので、一週間に一度の面接回数を増やしていただきたいということであった）。先生は「まあ、やってみれば分かります。ユング派は、そんなもんです」と応えられた。教育分析の様式や回数について、ユング派は柔軟、との意味に私は感じ取った。

私は、前夜の夢で河合先生が「三百回（で分析を終了）とすると、一年に四十回として十年近くになる」、とおっしゃっていたことをお話しする。先生は、「夢で僕は何と答えていましたか」と尋ねられた。何もおっしゃらなかったけれど、とても印象的な、優しい表情でいらした、と答えた。仏さまのような、桜の花びらが集まったような、明るく輝いた笑顔だった。

最後に、京都大学に提出する履修届に判をいただく時、捺印する場所を間違えられて、「こんなこと、しょっちゅうです」とおっしゃった。先生のおおらかさに、私の緊張がゆるむ。

先生の細い目は時にキラリと鋭く光るが、受け容れてくださっている優しさを感じることができた。

研究室を出ると、初めての面接の緊張からの解放感と、同時に、私は大きな幸せに包まれていることを感じた。自分自身のために時間とお金を使えて、私をしっかりと受け止めてくださる方がいるという、これまでの人生では体験することのなかった嬉しさである。

河合隼雄先生は五十七歳、私は四十五歳の時であった。

2　心理臨床をめざした理由

第二次世界大戦中、日本国中が貧しかった。一九四〇年に生まれ、戦時中に幼少期を過ごした私は、玩具で遊んだ記憶がない。東京杉並区の浜田山の家の周りには森や小川があったので、いつも姉や兄の後について歩き、退屈を感じたことはなかった。戦争が激しくなって、父以外の家族と疎開した岩手県のお寺で、集団疎開してきている小学生の淋しそうな姿を見て、きょうだい揃って暮らせることを嬉しく思っていた。しかし、食べるものは乏しく、小さくて固い馬鈴薯が主食であった。固い一個のリンゴを、兄・姉・弟と私の四人きょうだいで分け合って食べた時の感激を、はっきりと覚えている。

やがて敗戦になり東京に戻ったが、洋画家の父の絵が売れることはなく、貧しい生活は続いた。母は、教員免許を活かして立教女学院中学高校の国語の教師として働いた。

小学生の頃の私は、看護婦とか学校の先生などの収入のある仕事につきたいと思っていた。専業主婦になる発想がまったくなかったのは、母が職業をもっている姿になじんでいたからだと思う。

私が、カウンセラーという職業を知って志すようになったのは、中学生のときである。戦争の直前に生まれた三番目の子どもである私への、親や周囲の関心は薄かった。身体も貧弱で、学業の優秀な兄や姉、母に溺愛されて育った弟に比べ、私は注目されることのない、いじけた子どもであった。

中学一年の夏の日、炎天下を体よりも大きな食べ物を運ぶ蟻の行列を見て、「なぜ蟻は生きなくてはならないのか」と考えた。夏休みの宿題の作文に、そのことを書いて提出したが、生きることの辛さを小さな蟻の姿に重ねていた私に、担任の国語の教師は無反応であった。人生を放棄さえしたくなっていた、早熟な子どもであった。

大人は、誰も気づいてくれない。そんな気持ちの時に、先に述べた学校つき司祭の側垣正巳先生と話し合う機会があった。母の勤務する学校では子弟の授業料は免除されていたので、その〝お嬢さん学校〟に入学した私は、劣等感の塊だった。私が話すことに、側垣先生は耳を傾けてくださった。アメリカで牧師としての教育を受け、カウンセリングを学んで帰国されたばかりの側垣先生は、日本にもカウンセラーが必要になる日が必ず来る、と熱心に話してくださった。側垣先生の言葉によって、私は自分の将来に希望を抱くようになった。

やがて大学も、関係学校として授業料免除の立教大学の心理教育学科に進み、卒業後は、当時としては珍しい、心理臨床に携わることのできる慶應義塾大学病院に就職したのであった。

3　『ねずみ女房』との出会い

大学卒業と同時に就職した慶應病院神経科では、精神分析学を中心とする研究会が、毎週木曜の夜に行なわれていた。やがて子育てを始めた私にとって、夜の研究会は負担が大きかったが、子もちであることを顔に出さないように、家庭のことは言葉にしないように気をつけて、新進気鋭の医師と優秀な独身サイコロジストの集まっている研究室に適応しようと努めていた。

その頃、私が三人の子どもの親であることにもよって、子どもの治療と並行して行なう保護者との面接を担当するようになった。たくさんの母親との面接を経験していくうちに、壮年の男性をモデルにした精神分析学の理論に息苦しさを感じるようになっていた。しかし、それは私自身の不勉強のせいだと思い込んでいた。幼い子どもたちを抱えていた私には、専門書を読む時間はなく、最新の理論の飛び交う、小此木先生はじめ研究仲間の議論に、ついてゆくことができなかった。

慶應の研究会から子どもたちの待つ家に、電車の中も走りたい気持ちで帰宅して、部屋着に着替えていたある夜、偶然、ラジオから、河合隼雄先生のお声が聞こえてきた。ルーマー・ゴッデンの書いた児童文学、『ねずみ女房』について語っておられた。

女房ねずみは「今持っていない何かがほしい」と願っていたが、夫ねずみは女房の気持ちがまったく理解できない。「住まいもある、夫もいる、食べ物もあるではないか」、と夫ねずみはいう。ある日、女房ねずみは、その家に飼われることになった鳩の鳥籠から落ちる食べ物に気がついた。やがて鳩とねずみは言葉を交わすようになり、鳩はねずみに、外の広い世界の話を聞かせてくれるようになった。

河合先生は、「自分でもわから

『ねずみ女房』(R.ゴッデン作　W.P.デュボア画　石井桃子訳)

ない何かがほしいと願っていた彼女にとって、鳩の話はその何かと深くかかわることを、めすねずみは感じとっていた」と解説された。

しばしば鳩のところへ出かけて行く女房ねずみに、夫ねずみは不愉快になって、耳に噛みついたりもした。ある日、夫ねずみが友人のところへ出かけたすきに、めすねずみは鳩のところへ会いに行く。鳩は翼を広げて、めすねずみを抱き、キスをした。その夜遅く、めすねずみは、鳥籠に囚われている鳩の苦しみに想い至り、今すぐに鳩のところへ行かなくては、と思い立つ。窓の外の月の光に照らされた森の木を見たねずみは、「鳩はあの木々や森のなかにいなくてはならない」、と悟り、金具にぶら下がって鳥籠の戸を開ける。めすねずみが金具に食いついた歯が折れそうに痛くなって、バサッと床に落ちると、眠っていた鳩は目を覚まし、窓の外へと飛び立って行った。鳩の姿を目で追いながら、めすねずみはいう。

「ああ、あれが飛ぶということなのだわ。」

鳩が去った後、めすねずみは、涙を振り落としながら、見上げた夜空に星が輝いているのに気づく。

女房ねずみは鳩を失うことによって何かを得た、という事実を、「コンステレーション（布置）である」、と河合先生は解説された。それまで、すべてを因果関係で捉えていた私は、「コンステレーション」という理解に、衝撃的なほど、こころを動かされた。

その日から、私は、河合先生のもとで学びたい、という一途な想いに衝き動かされ、そのための努力を始めた。当時、専任として勤務していた立教女学院短期大学の研修制度を活用して、一年間の休暇と研究費を得るために、学内の役割を積極的に引き受けた。教員たちが億劫《おっくう》がる夏休みの泊まり込みのキャンプや、ヨーロッパへの一カ月近い海外研修の引率も引き受けた。

かくして、京都大学への内地留学は実現した。

4　教育分析とは

心理臨床家（臨床心理士）として仕事をするためには、臨床心理学や精神医学などの知識や、心理検査の技術などが必要である。相談に来られる方（クライエント）と会い、クライエントのために関係者（家族や学校や職場）と連携するためには、大学卒業後さらに大学院教育で学ぶ知識でも足りない。クライエントとの臨床経験を巡って先輩の臨床家と振り返るスーパーヴィジョンや、心理臨床の研究論文を読むこと、仲間や先輩との研究会など、研鑽琢磨することが不可欠である。

さらに望まれることは、自分自身を知るための訓練としての教育分析である。教育分析（training analysis あるいは didactic analysis）とは、精神分析家や心理療法家が、精神分析や心理療法を自ら体験することである。クライエントの感情や欲求を共感的に理解するには、心理臨床に携わる者が自分自身を知っていることが不可欠であり、自分のこころを拡大する努力を怠ってはならない。また、心理療法が激しく深い感情を伴う営みであることを、教育分析の体験を通して知ることが必要である。ユング派の分析家ヒルマン（J. Hillman）は、教育分析の目的について「単に分析家の人格を癒すためではなく、彼の共感の流れ出す傷を開くためでもある」、と述べている。

ユング派では、持参した夢の記録をもとに話し合うことが多いが、寝椅子を用いる精神分析学派では、夢の記録を持参することが、分析者への抵抗と解釈されることもある。教育分析の方法・時間・料金・頻度・遅刻や欠席の連絡方法、終結の時期などは、分析者との話し合いによって決める。

教育分析も一般の心理面接と同様、生活史の聴取から始まることが多い。この最初の体験から、被分析者はクライエントとしての気持ちを体験することになる。自分自身を知るとともに、面接関係を体験的に理解するところに、教育分析の意義がある。

河合隼雄先生は、晩年、「かつては教育分析を待っている次の人のために早く終えることを考えていたが、今は互いに納得するまで会い続けてよいと思うようになった」「どんなに長く会っても人生には終わりがくる」と述べておられた。

フロイトの精神分析学とユングの分析心理学は、どちらも意識だけでなく無意識を尊重する深層心理学であるが、その違いは創始者のフロイトとユングの生き方にも現われている。フロイト派の小此木啓吾先生は、「死の目前までその偉大な学問活動をやめなかったフロイトのすさまじさが、われわれの胸を打つ」と述べておられる。一方、ユングについて河合隼雄先生は、「ユングの死は自然のままに平静に生じ、自己実現の完結というイメージにぴったりとあてはまる」と紹介されている。

両派の教育分析は、フロイト派が「訓練」というニュアンスが強いのに対して、ユング派、特に河合隼雄先生は、「共に生きる」という雰囲気であった。

第2章　京都大学へ

1　内地留学の実現

京都大学に内地留学して講義を聴かせていただきたい、そして教育分析もお願いしたい、という手紙を河合先生に送って、返事を待ち続けた。

そして一九九五年三月の半ば、先生からの返事が速達で届いた。

拝復

御手紙　拝見しました。返事が遅くなって申し訳ありません。

是非　出席していただきたい講義は、水　一〇：三〇―一二：〇〇　文献購読、一：〇〇―四：〇〇　事例研究です。なお、火　一〇：三〇―一二：〇〇　臨床心理は小生がしますが、全くの概論であまりおもしろくないと思います。

分析は、火　三：〇〇―三：五〇　小生の研究室でする予定。ときどき抜ける時や、時間を変更することがありますが、どうかご了承ください。五月に三週間外遊の予定で、この点が眞《（ママ）》に申し訳ないと思っています。どうか　お許しください。

大学院の連中がスーパーバイズ、研究会など、お願いするかも解りませんが、そのときは自由に判断してお決めください。

新学期のはじまりは、四月十七日、十時より、外人さんの講義を聞きます。そのあたりから始まる予定です。

早速ですが、十六日（火）三時より分析を始めたいと思いますが、いかがですか。特にご連絡が無いときは、ＯＫと思いお待ちしています。第一回目には簡単にライフヒストリーをきくと思います。

それではお会いするのを楽しみにしています。

敬具

三月十四日

河合　隼雄

滝口　俊子　様

P.S.　教授会で昨日、研修員の件、承認されました。

京都大学への内地留学が実現することになり、慶應義塾大学病院で共に臨床に励んでいた北山修先生が、京都に持っておられたマンションの部屋を貸してくださることになった。京都をまったく知らない私にとって、ほんとうに有り難いことであった。京都大学へ徒歩で通える、下鴨神社に数分の、一等地であった。糺《ただす》の森の疎水に腰をおろして、分析によって揺れるこころが癒されたことが幾度となくあった。分析では、幼かった頃の悲しかった思い出がよみがえったり、押し殺してきた自分の醜さに直面したりして、激しく動揺した。

京都での生活を大勢の方々に支えていただいたが、素晴らしい住まいを提供してくださった北山先生には、感謝の言葉も見つからない。一年間の京都生活を終える時に「記念に」と、応接間の飾り棚にあった愛らしい木馬をプレゼントしてくださった。

また、京都大学大学院生をはじめ関西在住の研究者たちも、初めて京都で一人暮らしをする私を、温かく迎えてくださった。寺院や神社や美術館を巡り、お祭りを楽しみ、おいしい京料理を味わうこともできた。河合先生の音頭で、四季おりおりの夕食会、紅葉狩り、連歌の会、野球大会、音楽会などの行事も行なわれた。有志の大学院生が自発的に開く研究会にも誘っていただいた。同じ年に内地留学中であった、公立学校の先生方との交流も、私の内地留学体験を豊かにしてくれた。

講義やゼミでノートを取ることには学生時代以上に努力したけれど、教室外での文化的な生活も忘れることができない。生まれて初めて体験する、豊かな日々であった。内地留学を許可してくださった立教女学院短期大学の教授会に、感謝の想いを深くした。内地留学を理解し協力してくれた、夫をはじめとする家族にも、ありがとうの言葉しかない。夫の年老いた両親も、私の父母やきょうだいも、黙って見守ってくれた。

この年、二人の娘は大学と高校の一年生、息子は中学一年生であった。

2　初回夢（イニシャル・ドリーム）

初回の面接の次の日から、トランスパーソナル国際会議が始まり、河合先生は組織委員の一人として、ご自身の講演や取りまとめ役に大活躍であった。

二回目の面接は、初回面接から二週間後。奇しくも、私の四十五歳の誕生日の四月三十日であった。

約束の三時ジャストに、研究室の扉をノックする。なかから「どうぞ」と先生のお声がする。「滝口でございます」とドアを開けて入室すると、先生は背広をサッと着られた。前回、ダークスーツにえんじ色のネクタイで待っていてくださった先生は、翌日の大学院の授業では上着の下がセーターだったので、きちんとネクタイをして分析のスタートを迎えてくださった、と感激した。が、数日たって、あの日は大切な会合か来客でもあったかもしれない、と考え直した。

先生は「(扉の表示を)〝面接中〟にしておきます」と廊下に出られた。戻ってこられて椅子に掛けられるまで、私は立ったままで待った。

「夢ですね、うかがいましょう。」私は、「記録が十七頁もあるけれど、最初からですか」と尋ねると、「はい」とのことなので、夢の報告を始めた。

前回の面接の日の夜から見た夢のうち、先生が「ホォー!」と声を上げられたのが、次の夢であった。

私の背の高さほどの松の木を　庭に植える。

「イニシャル・ドリームとは、必ずしも分析を始めた最初に見た夢というわけではなく、分析の初期に見た大切な夢のことです」、と説明してくださった。私は、大地に根を張って、空気をきれいにする、そんな木を思い浮かべ、勤務校の発達心理の授業で取り上げたシルバーシュタイン著の『大きな木』を思い浮かべた。「私のこころが『大きな木』のように豊かに育ってほしい。人類と、地球と、宇宙のために」、と教育分析の記録に記している。河合先生との夢分析が始まった嬉しさに、自己肥大が起こっているのかもしれない。あるいは、雄大なトランスパーソナル国際会議での感動によるのかもしれない。

トランスパーソナルとは、「超える（トランス）」と「個人（パーソナル）」を組み合わせた語で、個人の間の自他の境界を横断し、国籍や文化、ものの考え方、人格などを乗り超えることによって、最も根本の基層においてはすべてがつながりあっている、という考え方である。国際トランスパーソナル学会（THE INTERNATIONAL TRANSPERSONAL ASSOCIATION）は、世界第一級の学者、芸術家、経済界のリーダーなど、分野の枠を超えた二万人以上の知的ネットワークによって運営され、二十一世紀にふさわしい新しいパラダイムの開発を目指している、とのことであった。

新聞の予告記事に河合先生の名前を見つけて、私も参加した。

トランスパーソナル国際会議について、夢の報告の後に、先生の方から話題にされた。綾部太鼓に始まり、河合先生はじめ、東京大学名誉教授の玉城康四郎先生、ソニー株式会社名誉会長で幼児開発研究所理事長の井深大さん、京セラ株式会社代表取締役会長の稲森和夫さん、箱庭療法の創始者ドーラ・カルフさん、死に関する世界的権威で心理学者のキューブラ・ロスさん、アポロ9号月面観測飛行士ラッセル・シュワイカートさん、ユング派分析家ジョン・ウィアー・ペリーさん、文化歴史学者で哲学者のウィリアム・アーウィン・トンプソンさん、などの講演に感銘を受けたことを、私は話した。参加者には、大学の教授や出版界の方が多かったが、新聞に報じられた会議の内容に関心を持って参加したという若い大工さんもいた。

河合先生が担当されたセッションが特に興味深かった、と申し上げると、先生は笑顔になられた。社会的な場面では満面の笑顔の先生であるが、面接中は無表情に近かった。会議は、一日ごとに「過去の未来」「ビジネス、科学、技術の未来」「地球の未来」などのテーマで行なわれた。河合先生は三日目に「個人の未来」をテーマに、「個人にとって生とは何かを改めて問い直し、人間の成長と変革について」、数人の講演者と論じられたのであった。

この日の分析で、先生が夢を通して注目されたのは、イニシャル・ドリームと指摘された〝庭に木を植える夢〟のほか、私の〝依存性〟についてであった。この夢、あの夢、と依存のテーマの出てくる夢を取り上げられ、「子どもにも依存している」と言われた。私自身、自分の依存性について薄々気づいてはいたけれど、こんなにも早く指摘されるとは予想していなかった。〝依存〟を、人々に適応するために用いていたかもしれない、と思ったが、まだ私から言葉にする勇気はなかった。

〝祖母・母・娘〟が登場する夢については、「このテーマが、今後はっきりしてくるでしょう」とおっしゃった。

〝定塚さんが天皇の血筋〟という夢の定塚さんについて質問されたが、義兄（夫の兄）の妻の実家である定塚家について私は詳しく知らないし、それほど親しくもないので、夢に見たことを不思議に思っていた。夢の中での天皇は象徴的な意味があるらしいと感じたが、質問する余裕はなかった。

夢について話し合う時間が足りなかったことを、先生は残念がられたが、充実した時間に感激していた私は、感謝の思いでいっぱいであった。

マンションに帰り着くと、子どもたちと夫からのバースディカード（次頁）が届いていた。

家族からのバースディカード

ちなみに、河合先生の初回夢は、最初の分析家シュピーゲルマン氏との分析の際に見た、「中国の仙人の肖像が刻印されたハンガリーのコインを拾う」夢であったとのことである。東洋と西洋の中間で貴重なものを得て、世界的に価値のある仕事をするであろう、と分析家はいわれたという。このことは、面接の時間中に先生が私に話されたのではなく、後に河合先生の著書を通して知った。

3　愛情希求

内地留学中の忘れられないことの一つに、心理臨床学専攻の学生たちが企画した音楽会がある。ピアノやバイオリンの独奏、カルテットなど、大学院生は実に多才であった。

京大生との音楽会（左から4番目、著者　右端、河合隼雄）

河合先生ご自身も、フルートで「歌の翼に」を吹かれた。奇しくも私が、大学時代にアメリカ人の聖歌隊長主催のリサイタルで歌ったことのある曲である。先生は、青年のような凛々《りり》しい立ち姿で、澄み切った音色で吹かれた。たましいから湧き出てくるような音色と、その美しい立ち姿に、私はうっとりとした。最後の音が消えてゆく時には、涙が溢れ出た。先生は、次男の幹男さんと「二つのフルートのためのソナタ」も合奏された。音楽会の最後には、「琵琶湖就航の歌」を全員で合唱し、参加者全員がひとつに溶け合ったように感じた。

同世代ではない私を仲間に入れてくれる京大生に、こころから感謝していたものの、分析によって退行（子ども返り）し、河合先生を理想の父親として慕っていた私は、彼らに対して競争心や葛藤が湧き上がり、一方では、そんな自分を大人気ないと責めたり、私の気持ちを周囲に気づかれないようにするなど、気を配っていた。

先生が女子学生と親しく接していられる姿を見るのは、辛いことであった。お酒の入った懇親会の席で、白いブラウスの女子学生の肩に手をかけて話しておられる先生を目撃してしまった時は、視線をそらすことができなかった。

分析者と被分析者が面接場面以外では同席しない、というフロイト派の考えは一理ある、と私は思った。しかし、ユング派の河合先生は、その辛さをわかった上で、分析以外の場に私が参加して、さまざまな体験をすることを勧められた。

河合先生のところへは、教育委員会から派遣された学校の先生たちも研修に来ていた。一年間の研修期間の終わりに近づいたある日、その中の一人の女性と私は食事をした。教員の研修員たちが河合先生とホテルのレストランで食事を終え、たまたまその女性の教員と河合先生だけになった時、河合先生が「二人でホテルにいるところを滝口さんに見られたら、滝口さん妬《や》くだろうね」とおっしゃった、という。

その場での私は笑い流したが、次の面接で河合先生にお会いするや、「夢の前に聴いていただきたいことがあるのですが」と申し上げた。いつもとは違う私に、先生は「はい」と座り直された。私の話すのをじっと聴かれたのち、「そんな風には言わない」とおっしゃった。「では何とおっしゃったのか、教えていただきたい」と詰め寄る私に、先生はちょっと困ったような顔をされて、話し始められた。

先生の言葉を正確に思い出すことはできないが、まず「申し訳なかった」と謝られた。私は先生に謝っていただきたくはなかったので、目を伏せたまま、次の言葉を待った。「僕は、こういうことは茶化してしまいたくなるのかもしれない」「言ってしまってから、本当に申し訳ないと思ったけれど、言ってしまったこと……」「分析はこういう関係ではなく、もっと深い関係」「もし滝口さんが、こういう僕を許せないならば、分析をやめるしかない」、とおっしゃった。私は反射的に「許せないなら、今ここに来ていません！」と申し上げた。しっかりと顔をあげ、先生を直視して。

先生は、もう一度、「分析は、もっと深い関係」と繰り返された。

その後、「僕は女の気持ちが分からない、とよく怒られた」「しょっちゅう失敗した」「こんなに注意深い人が、なぜこんな不注意なことをするのか、といわれた」「昔は、どうしてこういうことが起こるのか、分からなかったけれど、最近では、茶化してしまいたいのだと分かった」「つい不注意なことをいってしまって、僕もすぐにマズッタと思った」「あの人（研修員の学校の先生）たちと会うのは最後、という気楽さがあったのかもしれない」「（滝口が）怒って、当然のこと」、などと話された。

さらに、「僕たちのしていること（分析）は、そういう関係ではない」「僕は不用意にしたことだけれど、意味があったのだと思う」と言われた。私が河合先生を高く見上げ過ぎていることにも触れられ、「僕は、そんな立派な人間ではない。僕が素晴らしいのではなく、僕と滝口さんがやってゆく仕事が素晴らしいのです」、とおっしゃった。

さらに「滝口さんが素晴らしいのです」「滝口さんの素晴らしさを認めなくてはいけない」とも言われたので、「そう思えるようになったら、嬉しいです」と私は応えた。

その日に聴いていただいた私の夢にトリックスターが出てきた時、先生は、「僕のトリックスターは、しょうもない困ったことをする」と小さく笑われた。

また、私が「悲しみは表現しても、怒りは自分のなかに抑え込んでいる」ことを、先生は指摘された。私は、〝常に喜べ、絶えず祈れ、すべてのことを感謝せよ〟という、子どもの頃からの至上命令であった聖書の言葉が思い出された。

この回を終える時、先生は、「今日のことを話し合わずに分析が続いていたら、うまくいかなかったでしょう」と、おっしゃった。

一九八六年の年賀状に、先生は次のように書き添えてくださった。

一年の研修も　終わりに近づいてきましたが　相当の成果でしたね。

分析は　続けてゆきましょう。

さまざまな体験をした一年間の内地留学終了後も、河合先生と私との分析関係は継続することになったのである。

4　海外研修

一九八五年八月にはチューリッヒでの「ユング心理学セミナー」に、一九八六年三月から四月にかけては、ロサンゼルスとサンフランシスコでの「ユング心理学ワークショップ」に、先生とご一緒することができた。

チューリッヒでの、ユング派の重鎮Ｊ・ヒルマン氏の講義は、豊かな知識と臨床経験が滲み出ていて、河合先生も「すごい！」と感激されたほどに、充実していた。先生がヒルマン氏を尊敬しておられることが、びんびんと伝わってきた。ヒルマン氏の講義に

ライン河のほとりで（左から小川捷之、著者、河合隼雄）

「エキュメニカル」という単語が出てきたとき、通訳をしておられた河合先生がその意味を尋ねられた。キリスト教に多少馴染みのあった私は、さまざまな教派が一致するというエキュメニカルの意味を説明できて、先生の役に立てたことを嬉しく思った。

箱庭療法の創始者ドーラ・カルフ女史の由緒あるお宅を訪問して、箱庭療法の部屋を見せていただいた。日本の箱庭の玩具よりも、カルフ女史の箱庭のミニチュアは小ぶりであった。応接室で箱庭療法の事例研究が行なわれ、カルフ女史のコメントを聴くこともできた。

セミナーの自由時間には、ユング研究所に留学中だった山中康裕先生に、研究所を案内していただいた。チューリッヒ湖畔で拾った小石を、今も私は大切に持っている。

学生を引率してヨーロッパに行くという、責任の重かった旅行に比べ、ユング心理学のセミナーは私自身に刺激的な、感激の日々であった。帰国した夜に、次のような夢を見た。

ヨーロッパの美術館か博物館のよう。

私は　河合先生をおんぶして　ご一緒に見て廻っている。

この夢を報告した時、先生は、「だいぶ力がついてきた」と喜んでくださった。現実には、先生をおんぶしたことなどないし、私が美術館や博物館に行くことも稀である。

一九八六年のアメリカでのワークショップでは、河合先生の最初の分析家シュピーゲルマン氏から講義を受けたり、サンフランシスコのユング研究所主催の河合先生のレクチャーを拝聴することができた。

旅行中、先生に近づくことを遠慮している私に、先生から声をかけてくださって、二人だけで朝食をとった日もあった。先生は常に全体に注意を向けながらも、個々人に、さりげなく手を差し伸べてくださる。

先生は「せっかくアメリカに来たのだから」と、グランドキャニオンを空から見ることも勧めてくださった。先生ご自身、アメリカ留学中にグランドキャニオンを訪れ、その雄大さに感激された、とのことであった。

アメリカから帰国した翌日、一九八六年四月十日（木）に見た次の夢を、先生は「素晴らしい！」といわれた。先生が「素晴らしい」という言葉をよく使っていらしたことに、今回、永年の分析の記録を読み返してみて、改めて気がついた。

海岸か湖の前の大きな通りに面した研究所で　私たちは出会えた。
よろこびに心おどって　私たちは道路に飛び出してきている。
その外国の男性は　私をしっかりと抱きしめてくれる。
その人は　車が通らないのを確かめて　私を抱きかかえて車道に連れ出し
グルグルグルッと　ふりまわしてくれる。
この地の　結婚のよろこびの表現だという。
まわりでは　研究所の人たちが　喜んでくれている。

先生は、「(分析を開始して）一年間、相当に効果があった」と言われ、「外国で分析を受けていらっしゃい」と勧めてくださった。しかし、家族のある私は、京都への内地留学が精一杯で、外国に行くことなどはまったく考えていなかったので、先生の言葉には心底驚いた。

その頃、こんな夢も見た。

☽河合先生と食事をしている。
姉が　これまでの困難だった日々を　聴いていただいている。
先生は　とても温かい言葉をかけてくださる。
先生の左隣りに座っている私は　先生の半袖の左腕に時々触れる。

幼い子どもが寄ってきたので　私はあやす。
「知らない子どもが　これだけ懐くのは素晴らしい」と
先生が　ほめてくださる。

食事が済むと　先生は　これからの私の予定を尋ねて
分析の開始時間を　一〇分早めてくださる。

私は　お化粧を直して（先生の）研究室にうかがおうと思い

食卓を立つ。

顔を洗うつもりが　お風呂に入っている。

現実の生活においても、私は、先生にお会いする分析の時間を生活の中心に、万全の準備をしていた。

三回目の海外旅行へご一緒する予定の直前、まったく予期していなかったことに、母が脳出血を発症し、死去した。母と同居していた私に、姉は、「後のことは心配しないで行っていらっしゃい」といってくれた。姉は、医者としてドイツでの勤務経験があり、海外で学ぶ意義を認めていた。河合先生も勧めてくださったので、私は旅行の準備を進めた。ところが、その姉が大出血して、子宮癌の末期であることが判明したのである。姉は、長年の病院勤務を経て、伊勢に小児科医院を開業したばかりであった。四人きょうだいの中で最も信頼していた姉の突然の大病に、私は海外へ行く元気はなくなり、旅行を断念した。

姉は、河合先生が創設された日本箱庭療法学会の会員でもあった。抗ガン剤の苛酷な治療の合間に、学会に参加した。河合先生は姉を見つけると近づいて来て、優しく励ましの言葉をかけてくださった。そのときの姉の笑みが、今もありありと想い浮かんでくる。

その半年後、姉は、抗ガン剤の治療の入院中に、母に招《よ》ばれたかのように逝った。河合先生とご一緒の海外旅行は、かくして二度で終わってしまった。

第3章　分析の日々

1　箱庭体験

一九八五年五月十日（金）、アメリカの精神分析学者リッツ（Lidz, Th.）による「パプアニューギニアにおける男性月経社会の研究と、その精神分析理論に対する影響」という講演を、東京で小此木啓吾先生を中心とする精神分析の研究者たちと聴いた。これまでの精神分析学に挑戦する、斬新な研究であった。

その夜、私は昼間の知的な刺激とはまったく掛け離れた、穏やかな夢を見た。

☽ ふたりの男の子が　砂浜で　遊んでいる。
右手は　日本海らしい。

電車や　交通標識の玩具を　並べている。
ふたりは　何かを砂の中に隠す。
私は　少し離れたところから　見ている。

この夢を報告した私に、河合先生は、「箱庭を作ったことがありますか」と尋ねられた。私は「いいえ。作ってみたいと思っています」と応えた。先生は「僕も、そう思いました。考えておきましょう。僕との関係がしっかりできたら、ひとりで作っても大丈夫です」、とおっしゃった。私は箱庭を作ることを嬉しく思ったが、まだ関係ができていないと感じていられるのかと、少しがっかりした。

その後、先生は、六月四日（火）の面接の時に、「もう箱庭を作っても大丈夫でしょう。明日九時半からA室（箱庭の用具の置かれている面接室のひとつ）で作るように。十時三十分ころ見に行きます」と言われた。ひとりで箱庭を作り、作り終わったころに先生が見に来てくださる、という予想もしなかったかたちで、私の箱庭体験は始まった。

京都大学の心理教育相談室は、いくつもの面接室が並んでいる。そのひとつのA室は、小さな机を挟んで椅子が二脚と、箱庭用の砂箱と棚があった。棚には、種々の人や植物や建物などのミニチュアが並んでいた。木で作られた砂箱は、縦五六センチ、横七二センチ、深さ七センチで、箱の内側が青く塗ってあり、砂が入れてある。箱の八分目ほどの砂を取り除くと、水色の底が出て、川や沼や湖、海を表現することができる。

河合先生がチューリッヒのユング研究所での研修中に、箱庭療法の創始者ドーラ・カルフ女史に出会い、カルフ女史から直接学ばれた治療法である。日本には古くから箱庭遊びがあることや、言葉で表現することに控えめというか苦手な日本人に向いている、と直観された河合先生は、帰国後に精力的に指導されて、日本中に爆発的に広まった。欧米では、Sand Play Therapy（サンド プレイ セラピー）と呼ばれており、先生は日本に昔からある箱庭遊びとの共通性から、箱庭療法と訳された。

私は、初めての箱庭で、〝泉に沿いて茂る菩提樹〟の歌のイメージに合う光景（口絵①）を作りたいと思った。しかし、棚に並べられている木々は小さく、数も少なくて、動物も淋しい。白雪姫にバケツを持たせて牧場の少女にし、教会を家に見立てて置いた。バイオリン弾きの少年の表情が気に入らなかったけれど、森に音が響いてほしかったので、バイオリンを手にした少年を置いた。砂は、もう少し細かく、手触りよくあってほしいと思った。

今にして思うと、大きな菩提樹は河合先生のイメージであるが、そのことを当時の私は意識していなかった。

初回の箱庭に満足できなかった私は、一週間後にも同じテーマで作った（口絵②）。箱庭用の樹木を東京で買い求めて面接室に運び込んだが、まだ足りない。泉に沿って茂る菩提樹にしては小さすぎるので、泉を小さくしてみたが、泉と小人たちとのバランスがよくない。少女を置きたいと思ったが、木が弱くなってしまうので、少女を使うのをやめた。蝶を木に止まらせ、鹿を置いた。「大きな木になって、静かに、すべてを包みたい」という私の思いは、この回も表現しきれなかった。野の草を表わしたいと思って敷きつめた緑は、雑然としていて美しくない。

私は持参したインスタントカメラで箱庭の作品を写し、先生をお待ちしていると、ノックの音とともに部屋に入って来られた。先生は、箱庭の前に立たれて、「ホォー」と声を出された。私は「このテーマにこだわりました」と応えた。先生は椅子の肘掛けに乗って、上から箱庭の写真を写してくださった。「これ（ウサギ）は（前回）ありませんでしたね。」「はい、東京から連れて来ました。」先生は、ウサギを正面にして、二枚目の写真を写された。「これが入らない」と、木の陰に隠れているバイオリン弾きをフレームに入れようと苦心される。先生は私のすべてを受容してくださっている、と感銘を受けた。

箱庭の三回目の作成は、六月十九日（水）。〝大きな木〟に固執するのをやめて、泉を広げて、湖にした（口絵③）。澄んだ湖水にするために、砂箱の水色の底を手のひらで丁寧に撫でた。周囲には樹木を植えて、牧場には草を茂らせた。小人たちが一列になって、湖に向かって行進している。木々には蝶や虫が戯れており、バイオリンの音が響いている。なごやかに語らっているウサギの家族。遠くの方にも、ウサギの親戚。神様からのお使いのような鹿。丘の上には、羊たちが戯れる牧場。小さな教会があれば、もっとよいのに、と思った。森の向こうには山があり、真っ白い雲が浮かび、青い空の下、そよ風が吹いて、と私は連想して、やっと満足した。〝森と湖の国スイス〟をイメージしていた。自然に恵まれた平和な国スイスは、私の幼い頃からの憧れであった。

六月二十六日（水）の〝海からの贈物〟と名づけた箱庭（口絵④）に、先生は「水が広がりましたね」とおっしゃった。ウサギの家族を置いたが、しっくりこないので、赤い服を着た女の子を海に向かって座らせた。先生は、わざわざ砂箱を動かして、女の子を中心にして写真を撮られた。「上からも撮った方がよい」と、椅子の肘掛けに乗って撮影され、椅子から降りられる時、先生の腕が私に触れた。私は先生の胸に飛び込みたいほど、こころが揺れた。セクシャルな気持ちではなく、神様に向かうような敬虔な、キリストの衣にそっと触ったマグダラヤのマリアのような想いであった。

ほかに先生の身体と触れたのは、後に私が大病をし、退院後初めての面接で握手してくださった時と、一緒に揺れる電車に乗っていた時に、「腕につかまってください」と言われた、二回だけである。

面接の約束の時間も、先生はどんなに忙しくても厳格に守られた。講義でも会議でも関西弁を使われる先生が、この頃の私との面接中には標準語で話してくださった。まだ、関西に馴染んでいない私を配慮してくださっていると感じた。

七月三日（水）の箱庭は、〝たった一人〟というテーマである（口絵⑤）。崖の上にたたずむ少女、深い海には、恐ろしい生き物がいる。先生が部屋をノックしてくださった時、まだ取り組み続けていた箱庭に、私は納得できなかった。底知れない深い海を表現するには、まだ至っていなかったのだと思う。

七月九日（火）に作った〝水の湧いている池〟の箱庭（口絵⑥）を見て、先生は、「素晴らしい!!」と声を上げられた。先生は、無意識から湧き上がってくる豊かさ、あるいは美しさを感じ取られたのかと思うが、箱庭作品についての解釈も、「素晴らしい」と感じられた理由も説明されなかった。私も尋ねたいとは思わなかった。わかっていてくださる、という実感で充分であった。

七月二十二日（月）の箱庭を見られて河合先生は、「変わるかもしれない」と言われた。真っ白な花嫁衣装の女性が、美しい調べに送られて、〝船出〟しようとしている（口絵⑦）。私自身には、まだ「変わる」という予感はなかった。

先生は、夏休みを二カ月あまり取られて、エラノス会議などのために外国へ行かれた。先生を希求している私の気持ちを察してくださったのか、京都大学の夏休み明けよりも早くに、面接を再開してくださった。

エラノス会議とは、ユングが東西の思想の出会いを求めて始めた会議で、スイス南部のマジョーレ湖畔のアスコナで、一九八八年まで開かれた。日本からは鈴木大拙、井筒俊彦、上田閑照の各氏や、河合先生が招かれた。この年、河合先生は、「日本神話における隠された神々」のテーマで講義をされ、後に出版されている。

九月十一日（水）。〝お城の庭〟と名づけた箱庭（口絵⑧）を見た先生は、「箱庭も大切なところに来ているので（転換点と私は理解した）、僕が側にいた方がよいと思いませんか」と尋ねられた。私は、先生が見守ってくださっているところで箱庭を作れるのは嬉しいけれど、夢を聴いていただく時間が少なくなることに、躊躇した。

九月十八日（水）。〝知性化の世界にさようなら〟と名付けた箱庭（口絵⑨）を、部屋に入られるなり、先生は、じっと見ておられた。何もおっしゃらない。かなり長いあいだ見つめておられる姿に、私は、言葉に表現しがたい、切なさと、怖さと、哀しみとが、溢れてきた。

やがて先生は、静かに「何か、説明ありますか」と尋ねられた。私は「箱庭を作る時に、先生がいてくださるのと、いらっしゃらないのとでは、違いがあるかを考えていました。もし先生がいらした場でなら、右側をゴチャゴチャにしたと思います」と述べた。右側には、賢そうな猿たちがいる。

先生は、すべてを見通しておられる、と私は感じた。丁寧に撮ってくださったポラロイド写真を見つめ、写真から目を上げられた時に、先生と目が合った。これまでフロイト派の考えで頑張ってきた私自身を投げ出そうとしている決意と、それに伴う哀しみを、先生は分かってくださっている、と感じた。

九月二十四日（火）。初めて、先生がおられる箱庭療法の部屋で、私は〝ノアの箱舟〟を作った。先生は、私の夢の記録を読んでいてくださった。

砂箱に水を入れてよいかと尋ねると、先生は「（二つある）一方の箱は水で湿らせておくのが、ほんとうです」と応えられ、バケツに水を入れて、砂全体を丁寧に湿らされた。さらに私は、もっと水を入れてもよいか、次に箱庭を作る人に迷惑にならないか、などを尋ねた。先生は「したいように、してよい。後で、乾いた砂とまぜればいい」とおっしゃった。私は思い切って砂箱にバケツで水を入れ、砂をグシャグシャにした。砂を陸地のように整えて、また水を入れた。そして水を触っていると、先生は「澄ませたいのですね」、と水の中の砂を木片でスーッ、スーッと寄せてくださった。ネクタイの先が、水に浸かりそうになった。先生の姿に、私は切なさが込み上げてきた。

先生の近くにいると、もたれかかってしまいそうになる。高ぶる気持ちから湧き上がる嗚咽《おえつ》が先生の耳に届かないように、私は水道の水を勢いよく流して、手を洗い続けた。

先生は、砂箱の水が澄むように、なおも砂を寄せてくださっていた。

気持ちが少し落ち着いて、鳩がほしいとお願いすると、先生は玩具棚を探してくださった。まさにカルフ女史が大切にされた、赤ん坊の気持ちに母親が応答する〝母子一体〟の世界であった。

先生は持参したカメラで、箱庭を丁寧に撮影してくださった。先生が居てくださる場で箱庭を作ったので、私自身は写真を写していない。

この〝ノアの箱舟〟以後、一九八五年中に、先生に見守られながら作った箱庭に、私が名付けたタイトルは、次の通りである。

浅間山の大噴火
弥勒菩薩さま
泥沼の蛇
不気味なジャングル
フルートさんの調べを聴く蛇
絶壁から海を見つめる少女（「飛び込みます」）
フルートさんと二人の幸せな島

一九八六年に作った箱庭のタイトルは、

海辺にただ一人
神社の鳩
橋を渡る（二つの砂箱を使用）
銀河鉄道の夜
怪獣たちに囲まれる（楽隊の音）
怪獣に立ち向かう
ガリラヤ湖を見つめる

などである。

その後は、私がクライエントとの面接に用いる面接室や、勤務先の放送大学大学院の箱庭療法室で、折りあるごとにひとりで箱庭を作り、先生との時間は夢分析に集中した。二〇〇〇年代になって、先生のおられる場で箱庭を作りたくなって、京都大学の相談室ではなく、鞍馬口に新設された先生の箱庭療法の部屋で、箱庭を作った。分析開始当初は、先生を神様のように敬い緊張していたが、この頃の私は率直に話ができる関係になっていたので、持参したインスタントカメラでも撮影したいと申し出た。それゆえ、写真が残っている。

男女が手を取り合って踊っている箱庭（口絵⑩）に、先生は、「もっと（山を）高くしたかったでしょ？」、と尋ねられた。私は、先生の箱庭療法室の砂の量にも手触りにも満足していた。

最後の箱庭になってしまった、二〇〇二年一月七日（月）。

先生が外国で手に入れられた修行僧の人形が目に入ったので、棚の一番上から降ろしていただいた。海に向かって一心に祈る修行僧のもとに、魚たちが集まって来る（口絵⑪）。

「イエス・キリストの頭文字は（ギリシャ語では）〝魚〟という綴りになる」とか、「魚には三六〇度の視野があって、右左を同時に見ることができる」などと、私の夢に魚が出てきた時に説明してくださったことがあるが、箱庭を作っている最中には、魚に関する知識を思い出すことはなく、目の前の箱庭に没頭した。

箱庭療法は、河合先生がスイスから持ち帰られ、瞬く間に日本中に広まった。多様なミニチュアや砂の感触に誘われ、見守っている治療者に支えられて、こころの深みまでを表現することができる。箱庭に立ち会う治療者が鈍感であったなら、作品は深まらないし、作る者の意欲も湧かない。箱庭療法とは、言葉を超えた、両者の交流なのである。

河合先生の脳梗塞による闘病中も、逝去された後も、箱庭を作ることが、私にとって祈りであり、慰めであった（口絵⑫⑬）。柔らかな砂に触れ、想いのままにミニチュアを置くことによって、自分のこころが収まってゆくのを感じる。

2　夢分析

無意識を探求するフロイト派やユング派の深層心理学による治療では、治療者が、自分自身の意識だけではなく、無意識にも開かれていることが重要である。そのために教育分析によって、無意識の世界を拡げる。ユング派の河合先生は、夢を大切にされた。私は先生との教育分析の機会を最大限に活かすために、取捨選択することなく、すべての夢を聴いていただこうと決意した。枕元に、紙と鉛筆を置いて寝て、夜中に目を覚ますたびに、夢をメモした。夜中に四、五回、夢を見る度に目を覚ますことも珍しくなかった。私は幼い頃から、見た夢を記憶している方だったが、夢分析の開始以前は、これほどまでにたくさんの夢を覚えてはいなかった。先生が亡くなられてからは、見る夢の数は少なくなっている。先生との分析関係に支えられていたからこそ、夢は深まり、数多くの夢を記憶することができた。

朝、起きるとすぐに、走り書きの夢のメモを見て、文章に書き写した。最初の一年間は自筆で書き、その後はワープロで清書をして、先生に見ていただく分をコピーした。夢を文章にしながら、時に情景を表現するために絵を描き加えたり、説明を加筆することもあった。

教育分析を開始した一九八五年当初、先生は、私の夢の報告の後、その夢について私自身が連想することを尋ねられた。夢について、先生が解釈されることも多かった。見た夢が多い時には、先生がコメントされる時間が足りなくなることもあった。私は見た夢について予習をするために、夢事典などで夢に登場した事や物を調べたりもした。

ところが、先生は、次第に、夢の解釈をほとんどされなくなり、私が語ることに耳を傾けられるようになった。「うん」「うん」とうなずかれる様子から、先生が思い巡らしておられることを感じ取ろう、と私は努めた。夢に対する先生の態度の変化を、私との面接の中では説明されることはなかったが、「（心理面接において）何もしないことに全力をあげる」との趣旨を、本に書いたり、講演で話されたりした。一九九〇年の白洲正子氏との対談で、「ただそこにおるだけ、ワキのように。そのような態度を意識するようになったのは、ここ五、六年」と述べておられる。
「何もしないことに全力をあげる」、「コンステレーション（布置）を読みつつ、じっと展開を待つ」と説明された。

夢を通して無意識だったことを意識化し、意識を拡大する、という夢分析の一般的な方法ではなく、夢そのものを尊重される先生の姿勢を、私も次第に理解するようになった。

河合先生のこのような変化の背景には、日本人の夢を誰よりも多く聴かれた臨床経験があると思うが、先生の関心が仏教に向かって拓かれたことにもよるのではないか、と私は考えている。鎌倉時代初期の明恵《みょうえ》という僧侶の夢を巡って、先生は『明恵　夢を生きる』（京都松柏社、一九八七年）を執筆された。夢を解釈するのではなく、この書名のように、「夢を生きる」ことを実践するようになられたのである。

私自身も、夢に導かれて、生きる姿勢が柔軟になってゆくのを感じていた。そんな私の変化を、研究会でお会いする小此木先生や、私が髪のセットに行く美容師の沢辺哲雄さんは気づかれて、「きれいになった」「可愛くなった」といわれた。子どもたちは、

「ママがマイルドになった」と喜んだ。

教育分析開始から三カ月たった一九八五年七月十三日(土)、私は次のような夢を見た。

☽礼拝堂を出たところで　付属幼稚園の保護者に
「妊娠おめでとうございます。お名前は?」と声をかけられた。
私は　まだ三カ月なのに　よく気がついたな　と思い
自分のおなかを見ると　かすかにふっくらとしている。
私は郵便局に用事があって　坂を登りながら
生まれてくる子どもの名前を　思い巡らせている。
ゆき　にしよう。
三人の子どもの名前は　夫がつけたけれど
今度は　私が名付けさせてもらおう。
みか　えみ　ゆき　なら　バランスもいい　と考えているうちに
ゆき　だけが　自然に関係している　と思いつく。
家に帰って　夫に　産院を決めてほしいと頼む。

私は　三月ころ　ゆきを迎える（と思っている）。

この夢を報告した時、先生は、「三月というのは、分析の（成果の）ことでしょう」と、おっしゃった。

一九八六年三月、内地留学が終わるに当たって、京都の方々が、鳩を手にした日本人形を贈ってくださった。私は〝ゆき〟と名づけて、今も大切に飾ってある。

娘の誕生という喜ばしい夢の一方、次のような凄《すさ》まじい夢も出てきた。蛇は、私が最も苦手な生き物である。

☾我が家の大きな木を　私は道路から見上げている。
猫が二匹いる。
大きくて　賢そうな顔をしている。
突然　緑色に黄色の入った大きな蛇が　動き出す！
猫は　蛇を目がけて　枝を走る！
蛇は猫に捕まるが　すごい勢いで抵抗している。

猫も蛇を離すまいと　枝から枝へと激しく動く。
道を隔てた大きな木に飛び移り　なおも激しい戦いが続く。
私は　声も出せずに　見上げている。

夜中に「男だ！」という声に目を覚ます。
手を伸ばすと　見知らぬ男の太い腕に触れる。
男の人は　眠っているらしい。
私は「ここは京都で　部屋にいるのは私一人だから
外に聞こえるように　叫ばなくては」と瞬時に思い
息を整えて「泥棒！」と叫ぶ。
(自分のかすれた声に目を覚ます)

見知らぬ男の夜中の侵入という夢の一方、河合先生と二人きりで静かに日本庭園を眺めたり、星座の見方を教えていただいている、美しく平和な夢も見た。
夢のなかで、さまざまな体験をし続けた。

一九八六年の初め頃、教育分析を体験した臨床の仲間に、「大変でしょう」と言葉をかけられたことがあった。たしかに夢では、現実の生活では出会うことのない事態に遭遇し、激しい感情に揺さぶられる体験をしていた。分析者が見守っていてくださる、という信頼なくしては、継続することはできなかったであろうと、しみじみ想う。

河合先生の「何もしない」態度は、クライエント自身が力を尽くす、ということでもある。イエス・キリストは、初期には弟子たちを積極的に教え導いたが、後に捕らわれの身となり無力になった時、弟子たちは自立していったという事実を、私は連想する。頼もしいお父さん、知性豊かな優しい男性、という陽性転移を向けていた私を、先生は、個人的なレベルではなく、「たましいのレベル」で見守ってくださっている、と理解できたのは、ずっと後になってからであった。河合先生は、特定の神の名によらずに、「たましい」を見つめていてくださった。

河合先生はのちに、著書『ユング心理学と仏教』（岩波書店、一九九五年）の中で、次のように述べておられる。

「われわれが転移と逆転移について考えるとき、親子、愛人、兄弟、友人などの関係について考えてみることが役立つときがあります。しかし、われわれがそのような方法でばかり考えていると、転移と逆転移を全く個人的なレベルで理解し、たましいのレベルを忘れがちになります。たましいのレベルでは、われわれは転移／逆転移を人間と、石、木、川そして風などとの関係をモデルとして考えることができます。そのような観点を導入するなら、心理療法のレベルはより深くなることでしょう。」

3　「僕が、よう出てきますね」

教育分析開始当初から河合先生に陽性転移を向けていた私は、河合先生の夢を数え切れないほど見た。

転移とは、面接関係に持ち込まれる被分析者（クライエント）の側の、感情の向け方や関係の取り方をいう。転移には陽性と陰性とがあり、陽性転移は肯定的な感情を、陰性転移は否定的な感情を分析者に向けることを指す（転移の陽性・陰性は良い悪いということではない）。また、治療者自身がクライエントに向ける感情を逆転移と呼び、分析の作業のためには、治療者自身も自分の感情を意識化している必要がある。夢に表現される転移関係を理解し、自己洞察を深めるのである。

先生は私の夢に、「僕が、よう出てきますね」とおっしゃったが、他の夢と同様に解釈めいたことは言われなかった。ただ「ウン」「ウン」と聴いておられた。

夢に向かわれる先生の姿勢は、夢をそのままに尊重して、見守っていてくださる、ということを、分析の回数を重ねるごとに私は理解した。

夢分析を開始した一九八五年の十一月には、こんな夢を見た。

私は　海に面した駐車場に来ている。
かつて　自動車ごと海に飛び込む自殺のあった場所らしい。
一台の白い車が　駐車場に止まる。
車の中から　上半身が透明な（あるいは上半身のない）茶色のズボンの人が
竜巻のような上昇気流に巻き上げられて　空中に舞い上がる！
次に駐車場に入って来た車からも　上半身の見えない人が二人
巻き上げられる！

びっくりして見ていた私自身も　空中高く巻き上げられ
風に吹かれて舞っている！
「こわい！」と必死に叫ぶ。
フワフワと舞いながら「こわい！」「こわい！」と叫んでいるうちに
「かわい！」「かわい！」と　河合先生を呼んでいる。
一瞬　「メリー・ポピンズのようだ」と思う。
必死に　先生を求めていると
「幼い頃に受け止められなかったから」との先生のお声が聞こえる。

先生は、幼い頃の私の、淋しさも、恐怖も、分かってくださっていると感じていた。第二次世界大戦中の厳しい生活では、四人きょうだいの次女であった私に対して親たちの関心は薄く、みなし子のように寄る辺《よるべ》なかった。

次は、内地留学の一年間が終わって、分析のために毎週、東京から京都まで新幹線で通っていた時に見た夢である。

☾分析のために　河合先生のお宅にうかがっている。
分析が終わると　先生は引き出しからお金を出して
「交通費」と千円札を　私の手のひらに乗せてくださる。
私は　一瞬　迷うが
とても自然に差し出してくださったので　いただくことにする。
さらに先生は　引き出しから一万円札を出して
「お小遣い」と言われる。
次にお会いできるのが二週間後で
淋しさに耐えている私を
慰めてくださったのかな　と思うが
いただいてよいものかどうか　迷う。
先生は「当然」というご様子なので
有り難く　いただくことにする。
お札を　よく見ると
なんと　玩具のお札だとわかり
先生と一緒に笑う。

先生は　ユーモアをくださったのだ　と私は思う。
真面目な家庭、真面目な学校に適応するために、生真面目に生きてきた私は、ゆとりに欠け、ユーモアの精神が乏しかったことを、夢によって自覚した。

私は　河合先生のお布団の中に入っている。
私が「お側にいたい！」と想っているのを
よく分かっていてくださる。
私は「好き　好き」と先生のほほを撫でる。
ふと気になって「こうして　いいのでしょうか」と尋ねる。
先生は　はっきりと「いいです」と応えてくださる。
私は　安心して　思いっきり抱きつく。

先生は『○○○○』という全集を買うとよいとおっしゃって
紙に書いてくださる。
私に潜在する可能性に関連する全集らしい。

先生は　外出の支度をされる。
黒っぽいコートを召して　カバンを肩にかけられる。
一緒に歩いている私は　とても嬉しい。

一九八六年七月には、次のような夢も見た。

造成が行なわれている所に　通りかかる。
その土地は　昔　お墓だったとのことで
黒い土から掘り出された　九つの仏像と
いくつもの墓石が　並んでいる。
私は　造成の作業を　見ている。
隣の土地との境に　不思議な木がはえている。
二つの塀の間に　こんもり土が盛ってあり
大きな木がそびえている。
木の枝は　高く伸びて　葉が茂っている。

菩提樹のよう。
そばに立て札があり　「争いの続いた左右の家を結んだ木」とある。
私は　その木を見上げている。
他にも　二、三の人が　見ている。
歩きだすと　昔の家の庭園のようなところになる。
小川が流れている。
その水によって　庭の踏み石が濡れており　滑りやすい。
河合先生が　私の手を取ってくださる。

☽

河合先生が　わが家にいらしている。
茶の間のテーブルに先生を囲んで　二、三人の男性と姉と私。
以前から続けている原書講読を始める。
なぜか　先生は本を広げられない。
「ご様子が　いつもと違う」と　私は隣りの男性に耳打ちする。
先生は何も話し始めないまま　予定の時間が終わる。
先生は　離れの二階へ昇って行かれる。

私は姉に「先生のご様子が　おかしい」と言うと

姉も「スリッパを履かれる時の様子が変だった」と言う。

私は　心配になって　二階へ駆け上がる。

部屋に敷いた布団に　先生は休んでおられる。

枕元に座って話しかけると　何と　娘が布団に潜っている。

娘は声を出さないように　手拭いを口に当てている。

娘が最近とても元気だったのは　先生に甘えていたのだ！

河合先生に「お具合が悪いようだから　病院へ行きましょう」と誘う。

先生は　応じられない。

私は　医者の姉も心配していると　お伝えする。

先生は　布団に潜ってしまわれる。

「先生は　たくさんのドクターをご存じだけれど

小此木先生に紹介していただきましょう」と申し上げても

応じてくださらない。

私は　ご自宅にお送りすることを　思いつく。

河合先生は　いつの間にか　リスの籠をいたずらしておられる。
餌を　どんどんどんどん　籠の中に落とされる。
リスが　餌に埋もれてしまう。
私は　先生のご様子に　胸がつまる。
病院へ行くことをお勧めしてから　もう二、三時間たっている。
ずいぶん長い夢のような気がした（とたんに目が覚める）。

一九八七年八月の夏期休暇中、私は疲労感が続いていた。にもかかわらず、夢では、元気に活動していた。

ヨーロッパ旅行の列車の中。
かなり混んでいる。
私の数席前に　河合先生の後ろ姿が見える。
先生は立ち上がって　私のところまでいらして
声をかけてくださる。

しばらくして席に戻られると　すでに他の乗客が座っている。
先生は　他の車両に　座席を探しに行かれる。
私は　先生の後を追って
私の席に座ってくださるように　お勧めする。
若い女性が　先生の席の肘掛けに腰を下ろして
お話ししている。
私は　他の旅行仲間たちのボックスに座る。
その中の一人にもらったパンを　奇麗に焼いてバターを塗って
塩とパセリをふりかけ　半分にはお砂糖をふりかける。
先生に差し上げると　召し上がってくださる。

次のような、怖い夢も見た。

私たちは　自転車で走って行く。
歩道や車道を　かなりスピードをあげて走る。
大きな交差点で　顔見知りの男性に出会うが

私の自転車姿に驚いて　挨拶もそこそこに走り去る。
私は　かなりスピードを上げて走っており
車道には大きな車も通っている。
怖い！
私は　先導の男性の後を　走り続ける。
指示に従って　右に曲がって　左におれて
ずいぶん走って　目的地に着く。
自転車を降りて　長い急な階段を下る。
柔らかな真っ黒な土に　コンクリートを固めた
とがった急な階段を　おしりを着けて降りて行く。
その先に　深い林の中の高い木に　横木を渡した一本橋がある。
高くて細い木の上を　私は注意深く進んで行く。

前方から　男の人（河合先生らしい）が現われて
その人は　この先には大きな蜂の巣があって
危険だと教えてくれる。

蜂に襲われない別の道を案内してくれるために
私を待っていてくれたよう。
この人は　目的地の主らしく
予定を延ばして滞在するようにと　勧めてくれる。
私は　その通りにしたいと思う。
今夜は　牛を半頭使っての焼き肉を　レタスに包んで食べるという。
自然の中での生活を　私のために用意してくれたらしい。

一九九五年三月の夢。

懇親会の開始前に　たくさんの人が集まっているところで
河合先生が私に　執筆を励ましてくださる。
私は　気にかけてくださることが嬉しく　頑張らなくてはと思う。
先生は「〇〇〇〇（出版関係者）に言っておきます」とおっしゃって
大勢の人のなかに入って行かれる。
近くにいた女性が私に「頑張って」と声をかけてくれる。

先生は　私に小声で話しかけてくださっていたのに
彼女たちに　聴こえていたらしい。

そして、二〇〇一年八月の夢。

河合先生が　高い山の頂上に
彫刻した四角い石を　積み上げられた。
その一番上に　先生は腰掛けて
微笑んでおられる。

高い山の頂上にいらっしゃる先生は、日常の先生の姿とは違う、厳《おごそ》かな姿であった。今にして思えば、この頃から、先生は、あちらの世へゆかれる準備に入っていらしたのかもしれない。

これらは、私が夢で会った、さまざまな河合先生の、ほんの一部である。

私が見る夢に対して、先生は、時に「ほぉ！」と声をあげられることもあったが、静かに耳を傾けておられることがほとんどであった。

4　スーパーヴィジョン

河合先生は、当時、心理臨床ワールドの頂点におられて、多くの人々から絶大な信望が寄せられていた。そのような先生と教育分析関係にあることを、私から言葉にすることはほとんどなかった。先生のお名前を汚すことを何よりも懸念していたし、やっかみを受けることも避けたかった。

河合先生の分析を受けていることを、話さないように気をつけていたにもかかわらず、私が行なう心理臨床への信頼は増し、私が開設している心理相談室への申し込みも増加していた。教育職にある私が心理臨床に携われるのは、研究日の金曜日一日であったので、その日は朝から夕刻まで、十人前後のクライエントと会っていた。

そんなころに、キリスト教の牧師さんから面接希望があった。動機は、信徒から信頼される牧師であるために、自分自身を知りたいという。

私は、神に仕え人々に影響を与える牧師さんからの面接の申し込みは、初めてであったし、キリスト教についての理解も必要だと考えて、牧師の樋口和彦先生にスーパーヴィジョンをお願いしたいと、河合先生に相談した。スーパーヴィジョンとは、監督教育とも呼ばれ、面接について実地の指導を受ける機会である。アメリカでのフロイト派の訓練では、教育分析とスーパーヴィジョンの担当者を別にし、さらに分析が苦しくなった時には治療面接をも受ける、と聞いていた。

ところが河合先生は、他の人からスーパーヴィジョンを受けるのではなく、分析の場で牧師さんとの面接についても話すように、といわれた。その理由について、私は尋ねなかったが、スーパーヴァイザーと教育分析者との間で関係が複雑になることを避けられたのではないかと思う。河合先生がスーパーヴィジョンも引き受けてくださったことが、私は嬉しくもあり、牧師さんとの面接について報告することに教育分析の時間が取られることを、残念にも感じた。

ともあれ、牧師さんとの面接で話し合った逐語記録をもとに、河合先生に聴いていただくことを始めた。教育分析において私の夢を解釈されないのと同様に、先生は「うん」「うん」と聴いてくださった。河合先生と私の分析関係を知らないはずなのに、牧師さんは、河合先生の夢をよく見た。

ある日のスーパーヴィジョンで、先生は、「この人は間もなく面接をやめるでしょう」と指摘された。私は、牧師という職業の人とは初めての面接であったので、丁寧に会い、しかも河合先生にスーパーヴィジョンしていただいているので、面接が中断するとは予想もしていなかった。

振り返ってみると、この人が見る河合先生の夢は、ある時は「河合先生の顔が欠けている」とか、河合先生を悪く言うことが多かった。また、私は彼を熱心に待っているつもりであったにもかかわらず、彼が戸口を開ける音に気づかず、面接の時間を過ぎても待合室で待たせてしまう、という失敗をした。

かくして、牧師さんとの面接は中断してしまったが、それ以来、私は心理療法で出会うクライエントのことも、教育分析の時間に聴いていただくようになった。

教育分析は、対象とするひとりの生きようだけではなく、その人の周囲の人々とも深く関係している、と河合先生は考えておられたのであった。

第４章　夢の深化

1　「生き抜くことです」

教育分析が三年目に入った頃、私は哀しみに圧倒されていた。何が哀しい、というのではなく、生きていること自体が辛く、苦しい。家族にも仕事にも恵まれ、素晴らしい分析者が見守っていてくださるにもかかわらず、闇のなかの真っ暗な道で立ちすくむような日々であった。

無意識への探求が深まるにつれて、意識が弱まり、無意識が活性化して、揺さぶられていた。神経症の患者が心理療法によって改善されてゆく途上で、精神病水準に陥り、その後に浮上するという事実を、臨床の上では知っていたが、その過程を、我が身で体験していたのである。まさに私はノイローゼ状態にあったが、教育分析の場合、それを日常の生活に表わすことは避けなくてはならない。

そんな頃に見た夢である。

地方の小さな駅。
とても静かな夜。
私は　ホームを歩いている。
明かりは消え　ホームは完全な闇に包まれる。
私は　これほどの完全な闇を経験したことがない。
手探りで　ホームを進んでゆく。
ホームの先は下り坂になっていて　やがて線路を横切り
向かい側のホームに渡る。
ホームにある小さな小屋に　薄明かりがついていて
中から　素朴な女の人が　私を見ている。
その人は　ホームに入って来た列車に乗るようにと
手振りで示している。

前を歩いていた男の人が　飛び乗る。
私も　走りだしている列車に飛び乗る。
列車は　すぐにスピードを上げる。
私は　運転手さんの側の席に座る。
すでに乗っていた男の人と　飛び乗った男の人と　私の
三人を乗せて　列車は走ってゆく。
運転手さんは　河合先生らしい。
私たちを乗せた列車は　みずうみに向かって
夜道を進んで行く。
ホームの小屋にいた素朴な女の人は
以前　夢で会ったことのある　優しい人らしい。

クライエントのMさん（飲酒すると妄想によって暴力を奮う男性）の
運転する車に　私は乗っている。
海岸の（サンフランシスコのような）街の　坂道を下っている。
私は　助手席で　新聞のコピーを読んでいる。

前衛芸術家が　男性の写真から沢山のペニスを切り取って
作品を作った　ということが紹介されている。
Mさんが運転しながら　その記事をのぞき込むので
二部あったコピーの一部を渡す。
彼は　突然　私の手をつかむ。
私は払いのけるが　再び握ろうとする。
私は「(身体に触れる事をしたら心理療法を止めるという)
約束だから　もう面接は続けられない」と言って
車を飛び降り　人混みの中に逃げ込む。
彼は　追って来る！
警察を呼んで助けを求めようかと思うが　ともかく逃げる。
やがて　街並を抜け　真っ暗な坂道を駆け上がって行く。
私は　必死に　走り続ける。
周囲は　森のよう。
必死に走りながら　Mさんが「手を握りたいと思ったけれど
しなかったのに」と　私を非難していたことが思い浮かぶ。

なお私は　真っ暗な坂道を走っている。
あまりに恐ろしい夢なので、隣りで眠っている夫にしがみつこうと思うが、
私の手は死人のように冷たい。

☽ 真夜中　私はベッドに寝ている。
夫が帰って来た気配がする。
玄関の鍵をかけてあるはずなので
主人ではなく　誰かが忍び込んで来たらしい。
怖い！
私は　こころの中で「お父ちゃま　お父ちゃま」と
助けを求める。
誰も　近づいて来ない。
幽霊?!

☽ 深い水の底に　私は　うつ伏せに沈んで行く。

不可思議な夢を見続けて、脅える私に、河合先生は、「夢も深くなって、しんどいでしょう」と察してくださった。凄まじい夢だけでなく、長年こころの奥深くに押し込めてきた幼いころの（助けのない独りぼっちの）記憶がよみがえり、哀しみに押し潰されそうになっていたが、日常場面では平静を保つよう努めていた。

私は　安全な場所を求めて　走って行く。
逃げ込もうとしたところには　やくざがいて　入れない。
その先の囲いの中に飛び込むと　野獣がいる！

私たちは　雪渓の下にいる。
その上を　スキーのような形の戦闘機が　ビュンビュンと飛んで行く。
次第に数を増し　雪渓すれすれに　猛スピードで飛んで行く。
雪渓は　崩れ落ちそう。
私たちは　死ぬ！
私は　胸の子どもたちを抱き締め　膝の子には手をかけて

必死に祈る。
子どもたちは　私にぴったりと身を寄せている。

恐ろしい夢が毎日のように続き、抑鬱的な私に、先生は、「きっと意味がある」「生き抜くことです」「生きていてください」、と言い続けられた。

河合先生が支えていてくださるので、私は分析をやめようと思ったことは一度もない。しかし、私の心身は限界に達し、脳梗塞を発症した。私の意識は頑張り抜こうとしていたが、脳が悲鳴をあげたのだと思う。

2　ワレンベルグ症候群発症

あまりにも心身の不調が続いたため、私は日帰りの人間ドックを受診した。異常は見つからなかった。にもかかわらず、その二日後、ワレンベルグ・シンドローム（脳梗塞の一種）を発症した。一九八八年十月二十一日のことである。

夫は、私が救急車で緊急入院したことを、河合先生に連絡してくれた。

先生は、すぐに手紙をくださった。

拝啓

ご夫君よりの突然の電話で　ご病気のことを知り　驚いております。その後　いかがですか。

二週間は絶対安静とお聞きしましたが　快癒の早いこと　後遺症の残らないことを　お祈りしています。今は　ただ　医者の言う通りにして　無理をせずに　ひたすら養生につとめてください。

本当に予期しなかったことだけに　いろいろと考えていますが　今は早まって「意味」なんか考えずに　ともかくお元気になられることを　お祈りしようと思っています。

滝口さんも今は病人に徹して　早くよくなることを心がけてください。お元気になられたら　また　ゆっくりと　二人で考えてみることにしましょう。

こちらは　これから寮問題との対決で　しばらく学生部長としての仕事にまきこまれるでしょう。

それでは　御快癒の早いことを祈念して　失礼します。

十月二七日

河合　隼雄

滝口　俊子　様

人間ドックを受診した翌々日、家庭裁判所の調査官の研修会で講義をしている最中に、天井も床も大きく揺れ始めた。調査官は誰も動揺していない。さすがに訓練された方々だと感心しながら、私は大地震だと思っていた。揺れはひどくなる一方であった。

そのうちに、どうやら私の頭の中で異変が起こっているらしいと気づいて、水を頼んで持ってきてもらったが、飲み込むことができない。講義の中断を申し出て、控室に戻るために椅子から立ち上がろうとしたが、全身の力が入らず、激しい頭痛も始まった。受講生の方々が、講師控室まで運んでくださった。研修所のナースに頼んで、救急車を呼んでもらった。

私は、脳の異変と直観していたので、大きい病院がよいと判断して、慶應病院に運んでほしいと頼んだ。研修所は東京の北の外れにあって、都心の慶應病院は管轄外だと断られたが、夫が慶應の麻酔科出身なので、麻酔科の教授と交渉してもらった。幸いなことに、かつて私が所属していた精神科の保崎秀夫教授が病院長になっていらして、院長が采配できるベッドに受け入れていただくことができた。

救急車の中でも、病院に到着してからも、「痛い！」「痛い！」とわめいていたようで、研修所で講師をしていて病院まで付き添ってくださった片山登和子先生は、「（苦痛に付き添う辛さで）円形脱毛が出た」と後にいわれた。ご迷惑をかけたにもかかわらず、私はお礼をいう余裕もなかった。病院に到着するや、救急のナースたちが私の服を、「まだ新しそうだから、鋏をいれるのは、もったいないか」と話し合っている声が、遠くに聴こえた。

この日は土曜日で、夫は東海大学麻酔科教室のスタッフとゴルフに行き、ゴルフ場に到着すると私の入院の連絡が届いていて、慶應病院に駆けつけてくれた。心身ともに動揺と興奮の続く私に付き添って、夫は病室に泊まる日が続いた。私に介護が必要になったら病院勤務を続けられないので開業する、と話していたと、後日、子どもたちが教えてくれた。姉も、医者としての激務の合間を縫って、浜松から駆けつけてくれた。

慶應病院でも使用し始めたばかりのＭＲＩ（磁気共鳴画像検査）の診断の結果、延髄と小脳に分布する血管の途絶による、脳梗塞の一種のワレンベルグ症候群であることが判明した。激しい頭痛、めまい、嘔吐、燕下不能、顔面の知覚マヒ、右半身の痛感消失、左の協調運動障害、などが主たる症状であった。幸いなことに、大脳は含まれていなかったので、意識障害や知的障害はなかった。水さえも飲み込むことができないので、胃管を通して流動食の日が続いた。

血流を良くするために血を高く上げておく治療法によって激しい頭痛が続き、片目を開けられずに過ごしていたのが、多少よくなったので、娘に便箋と封筒を持ってきてもらい、河合先生に手紙を書いた。

先生は、すぐにお返事をくださった。

拝復

お便り嬉しく拝見しました。

全部　読めました。

よくなってこられ　頭痛もなかったとのこと　本当に嬉しく思います。御夫君からも手紙をいただき　経過はお聞きしていましたが。おっしゃるとおりに　快方に向かっておられる様子　嬉しいことです。しかし　決して無理をされませんように。一歩一歩　踏みしめてよくなるのだと思ってください。

十二月十二日、十九日（月）に上京する予定ができましたので　必ずお見舞いに行くか　そのときのご様子と　お医者さんの意見に従って　どこかで一時間お会い

するか　どちらかにします。それまでは会うのを辛抱して　無理をせず　療養に専念してください。十二日か十九日の時間　場所などは　もう少し様子を見てから決めることにしましょう。それまでに　一時間お会いできるようになっておられることを切に祈っています。

小生の寮問題のことを　心配してくださって有り難うございます。十一月七日に団交し　その後いろいろとあって　今は胸つき八丁というところ。十二月十二日にお会いするときまで　何とかめどをつけておきたいと思っています。時間はとられますがビクともしていませんので　ご安心ください。

リハビリはどんなことになりますか。小生には　あまりわからないので　痛いのかな　と心配していますが　悪い患者にも　よすぎる患者にもならぬ心がけで　リハビリを頑張って下さい。

御夫君に　くれぐれもよろしくお伝え下さい。

河合　隼雄

十一月十四日

滝口　俊子　様

私からの手紙を「全部　読めました」とのお返事には、正直びっくりした。入院からの経緯と現状を、丁寧な文字で、時間をかけて書いたからである。自分のしていること、思っていることと、客観的な事実とには、かなり差があったらしい。そのころ娘は、私のしゃべる内容を想像しながら応えていたと、後になって語っていた。

主治医の厚東篤生《ことうあつお》先生から、十一月七日の神経内科の症例検討会に出てほしい、との要請があった。当時、若年性のワレンベルグ症候群は珍しく、受持医の小松本悟先生と後藤淳先生が熱心に診てくださっていたので、私は申し出を承諾した。階段教室に集まった大勢の医師たちが患者の私を見下ろし、主治医が質問することにベッドに横たわった私が応える、というカンファレンスは、さらし者のようで二度と嫌であるが、以下の記録が手元に残ったので良しとしようかと思う。

「入院後の経過」として、次のように書かれている（医師の記載のまま）。

「（脳外科へ入院した翌日に神経内科に転科）約五分に一度〝しゃくり上げるような〟吸気が、正常な呼吸に混じることを認めたが、次第に間隔は延びて、二十四日までに消失した。二十三日の午前より眼位の変化を認め、右眼正中位にて左眼は内下方へ変位し、二十四日の午後には垂直方向に最大の変位を認め、二十六日には再び眼位は正中に戻った。左眼の奥、左耳、後頭部に限局する頭痛は二十七日ごろまでその領域を変えなかったが、二十八日より快方傾向を認めるようになり、一時的に左項部を含む鈍痛に変わった。左眼の奥の痛みは二十九日には消失した。呑み込みは改善を見ず、多量の唾液を口より排出している。三十一日より胃管を挿入し、経管摂取となっている。」

唾液さえ飲み込むことができず、常に唾液が唇の脇から流れ出ていて、自分で止めることのできないのには、ほんとうに落ち込んだ。次々と来られるお見舞いの方々に会う気持ちになれず、「面会謝絶」にしたほどである。早期回復を切望した私は、手指の感覚の回復のために、星野命先生からお見舞いにいただいた色紙で、折り鶴を折って過ごしていた。また、当時としては珍しかった脳梗塞の早期のリハビリテーションを、開始してもらった。

鎮痛剤が切れると激しい頭痛に襲われ、精神的に不安定な私は、小此木啓吾先生に来ていただいて、不安を訴えた。その後、北山修先生が見舞いに来てくださり、私の心身の細々とした情報が精神科の心理室で話題になっているから、慶應病院以外へ転院したほうがよい、と助言してくださった。慶應病院への親しみからの私の我がままを、心配してくださったのだと思う。私は思い切って、車椅子の状態のまま、退院することを決意した。主治医には「早すぎる」と反対されたが、一九八八年十二月三日、退院を強行した。

家に帰り着くと、母親としての顔に戻ったのか、病状が落ちついてきたのか、仕事に復帰することを考え始めた。勤務先の立教女学院短期大学の自分の研究室が片付いていないことや、担当科目の年度末の評価のことなどが気になっていた。運動靴を履いて杖をついての出勤は、私の美意識は許さなかったが、そんなことをいってはいられない。教職員も学生たちも、温かく迎えてくれた。私の姿を見て、泣き出す学生もいた。

後になって、発症時の私の病状は生命の維持に危険があったことを知った。病室に、お通夜のように立派な花籠が次々と届いたのは、そのせいであったのかと納得した。

ワレンベルグ症候群の体験記を書くようにと、病院長の保崎先生はじめ神経内科の担当医たちから勧められたが、何事にも積極的な河合先生は、何もおっしゃらなかった。私が現実生活に復帰するのに必死であることを、分かってくださっていたのだと思う。

退院して初めての河合先生との面接は、東京の赤坂プリンスホテルのロビーにおいてであった。お会いするや先生は、サッと手を差し延べて握手をしてくださった。すぐに先生は、私の右手の感覚が戻っていないことに気づかれた。

脳梗塞の発症の頃、私は日本精神分析学会に参加していた。河合先生との分析によって、私の学問的な考えは、もはやフロイト派から離れていたにもかかわらず、育ててくださった精神分析学界から飛び立つ勇気がなく、何とか両立させたいと、心身ともに疲れ果てていた。発症する少し前に見た夢である。

ひどい疲れを感じて　私は　鏡を見る。
白髪だらけ！（注・当時の私は白髪はなかった）
死の近いことを知る。
外出しなくてはならない時間が迫っているが
この姿で　人に会うことはできない。
どうしよう！

間もなく死を迎える男の子がいる。
その子は癌におかされていて　すでに声を発することができない。

しかも　顔は変形して　鶴の嘴《くちばし》のような口で
　何かを訴えようとしている。

ワレンベルグ症候群を発症して入院した最初の夜に見た夢を、私は断片的に覚えていた。

☽清水寺の舞台の下のような庭に
　露天風呂のような　岩で囲まれた大きな温泉プールがあって
　幼児たちが泳いでいる。
　ここは保育園のようで　私は　子どもたちの洗濯物をたたんだり
　プールから出て来る子どもたちの体を　拭いてやったりしている。

睡眠導入剤を服用しても一時間と睡眠が続かず、心身の苦痛のために夢どころではない毎日であったが、入院四週間目からは、毎晩の夢の記録が残っている。河合先生に夢を聴いていただく日の来ることが、闘病の支えであった。

次は、入院四週間目の夜に見た夢である。

障害者の施設に　私は入所することになる。
床に直《じか》に敷いた布団に寝るように　指示される。
その布団には　すでに重い身体障害の男性が横たわっている。
私は　同じ布団に寝る気になれず　逃げ出そうと立ち上がる。
障害一級のOさん（注・学生たちとのボランティアキャンプで交流した男性）が
車椅子で　私を見舞いに来てくれる。
私は　彼に言葉もかけず　施設の外に走り出す。

私は　新しい家の玄関の靴箱を整理している。
玄関は立派で　二階への階段も広い。
そこに　発狂した女性が現われて　家の中に上がろうとする。
私と一緒に住んでいる女性は　その人を気にしないが
私は　狂っている人と一緒に生活する気になれない。
必死に　追い出そうとしている。

その人は　なかなか出て行かない。
ついに私は「家宅侵入罪で訴える！」と電話機を取る。
その人は　諦めたのか　やっと玄関から出て行く。

直接チューブで胃に流される三度三度の流動食は、当時、細身だった私には量が多すぎて、拷問のように苦痛であった。次は、胃へのチューブから解放されて、四週間ぶりに口から食事のできた日の夢である。

家庭裁判所の調査官の研修会に来ている。
私は　気分が悪くなって　トイレへ行く。
いつの間にか　私は
病の重い　小さな赤ちゃんを抱いている。
赤ちゃんが　楽な姿勢でいられるように
私は　こころを配っている。

次は、連日連夜の点滴が終わった日の夢。

☽私は　男の人と二人で　歩いている。
前方から歩いて来る人を指して　一緒に歩いている人は
「あの人の首の麻痺は　だいぶ良くなった」という。

私は、早く回復したい一心で、リハビリテーションを強く要望して、開始してもらい、
斜面台に上半身を起こすことからリハビリテーションの始まった日の夢。

☽バケツの中に　二匹の蛙がいる。
潜水服を来て　水に潜っている。
水から上がった蛙に　私は
潜水服を脱いだら　踏まないように
並べておこう　と話しかけている。

どこか不気味な蛙に、私はとまどいながら、話していた。
次のような、夢も見た。

私は　ヨーロッパの建物の中にいる。
美しい花々の飾られた窓辺から
私が外を見ている写真を　一人の男性が
たくさん写して　大きく引き伸ばしてくれる。
私は　嬉しくもあり　とまどいもある。

深い谷。
谷底に　たくさんのお墓が見える。
夫と私は　谷の向こう側に行きたい。
急坂を降りて　また登る。
私は体力がないので　谷にそって廻って行くことにする。
急な上り道。
夫は　私の身体をかばってくれる。
やがて　右手に　竹林が続く。
なぜか　殺害された女性の死体が捨てられているように感じられて

薄暗い竹林に　目をこらす。

次は、河合先生から二通目のお便りをいただいた日の夢である。

私は　赤ちゃんを抱いて　おかゆを食べさせている。
赤ちゃんに「何か食べたい？」と尋ねると
赤ちゃんは「お味噌」と答える。
私は「お味噌で焼く　おいしいお肉のお店はないかしら」と
そばの男の人に　尋ねる。
私は　赤ちゃんを抱いて　外へ出て行く。

次の夢は、主治医は無理だといったが、私が退院を決意した日に見た。

私の隣の病室で闘病中だった男の人が　奥さんと主治医の看護もむなしく
亡くなる。
私は　彼のたましいの平安を祈る。

主治医が　医療の至らなかったことを嘆く。
私は「生命は人間が左右できるものではない」と主治医に語る。

入院中に、初めてベッドから降りて、歩行器で数メートル歩いた日の夢。

私は　赤ちゃん（子猫？）を寝かしつけている。
本がたくさん入ったダンボールの中なので
本の角が赤ちゃんの頭に当たらないように
眠り込んだ赤ちゃんの頭の下に　そっと柔らかなタオルを入れる。

河合先生とお会いできる日を待ち望んで、夢を記録する努力を続けた。
次は、八週間ぶりの面接の、前日に見た夢である。

動物園の檻のような　頑丈な鉄格子の檻の中に
傷ついた子猫がいる。
子猫の名は「ミュー」という（ことを　私は知っている）。

ミューは　目を大きく開いて　じっと私を見つめて
「助けてほしい」という表情で鳴く。
同じ檻の中に　元気な猫が三匹いる。
元気な猫たちは　ミューを傷つけているらしい。
なぜか　私は　ミューを置き去りにして
その場を立ち去る。

夢を聴いていてくださる先生は、時折、両手で顔を被われた。私の心身の苦痛を受け止めてくださっている、と感じた。先生が見守っていてくださる、という確信なくしては、現実生活に立ち戻る力は湧いてこなかったと思う。

次の年の三月の半ば、次のような夢を見た。

私は　生まれて間もない自分の赤ちゃんに
初めての母乳を飲ませている。

そして、発症から半年後の四月から、講義にも学生部長の任務にも、私は復帰した。私の強靭な回復力を、神経内科の主治医たちは驚いていたが、「河合先生の祈り」のおかげ、と私は思う。夫をはじめ世話になった多くの人に、こころから感謝をしている。

3　転移・逆転移

一九八九年の秋、私は次のような夢を見た。

私は　河合先生とお会いする約束をしている。
前方から　河合先生がいらっしゃる。
私は　先生に飛びつく。
先生は　私のほほに　キスをしてくださる。
私は先生の腕に手をかけて　一緒に歩く。
真っ赤な絨毯の　ホテルのロビー。
階段を上って行く。

先生は　部屋の鍵をあけられる。
ゆったりと　落ち着いた部屋。
私たちは　窓際の椅子に　向かい合って座る。
先生は椅子を移動させて　私の肩に手をかけてくださる。
私は　先生の胸に　頭をもたせかかる。
やがて　先生は　立ち上がられて
机に向かって　原稿を書き始められる。
私は　ＢＧＭを小さくかけて　冷蔵庫から飲み物を取り出し
先生に運んで行き　そばに座る。
先生は　書き上げられた原稿を　一枚一枚　見せてくださる。
私は　身体中が温かい。

面接の時の先生は、フロイト派以上に時間を厳守され、握手さえ退院後の一度だけであった。そのような関係の先生に対して見たこの夢を、私の〝願望による夢〟と解釈される方もあるかと思うが、先生は静かに聴いて、解釈めいたことは言われなかった。
分析開始当初、〝神様〟のような畏れを感じていた先生のイメージは、次第に変容して、尊敬する先生から、思いきり甘えたい、頼りたい、大好きな方になっていった。

そんな頃の一九九〇年一月九日、約束の二時の、時間丁度に研究室のドアをノックした。「どうぞ」のお声に入室すると、「電話するんやった。滝口さんと三時に約束したと思うてた」といわれる。すぐに私は「また三時に参ります」と申し上げた。先生は「えらいすんません」とおっしゃったけれど、私が待つのを当然と思われているようにも感じた。

先生のためにお待ちするのはたやすいことだったが、先生が誰かとの約束を優先されたことに、私は傷ついた。振り返って考えれば、その方の病状が重いとか、住まいが遠方であるとかの事情によったのかと思うが、先生への陽性転移の絶頂にあった私には、耐え難いことであった。先生のお役に立てるなら、何時間でもお待ちしたいと思う一方、私よりも他の方を優先されたことが、悲しくてならなかったのである。

さらに皮肉なことに、小此木先生から『治療構造論』という本の編集委員にお誘いをいただいて、構想を思い巡らせていたときでもあった。治療構造論とは、面接の時間と場所と料金を一定にすることが重要である、という小此木グループが重要視している考えである。

一九八八年に私がワレンベルグ症候群を発症する直前の面接で、河合先生が「今日は

二、三分、早くに終わらせてもらいます」とおっしゃった時にも、私は猛烈な淋しさを感じた。よく思われたいために自分のことは二の次にして、他者の都合を優先してきた私のありようを卒業したい、と思い始めていた頃であった。

時間をつぶして、三時に先生の前に座った私は、そんな気持ちを話し始めた。しばらく聴いておられた先生は、突然、声を荒げられた。私に対して大きな声を出されたのは、初めてのことであり、この後にもない。この時の先生の言葉を詳細に思い出すことはできないが、内容は、特別の事情を許容しない私への批判であった。「先生は私の気持ちを分かってくださっていない！」と感じた私は、先生の言葉に反論した。先生は、「言わせてください」と続けられた。「自分だけが大事にされようとするのは、傲慢です」というようなことを、おっしゃった（ように思う）。さらに、「分析のために犠牲を払っているなんて、言ってほしくない！」と。私は分析をどんなに大切に思っているかをお話ししたのに、私が使った〝犠牲〟という言葉を非難された。「（毎週、東京から京都まで来ることに）努力しているのは認めます。でも、そんなんと次元が違う！」ともおっしゃった。

面接を終わる時間になって、少し落ち着かれた先生は「僕は意味があると思うから、会い続けているのです」「とにかく来週、二時に」とおっしゃった。

最後の言葉がなかったなら、帰りの新幹線に飛び込みたくなったほど、私は先生に失望した。〝傲慢〟という言葉は、子どもの頃の私に、母がよく言っていた。私が不満をモタモタとお話ししていた時に、先生が「率直にいうと？」と言葉をかけてくださったことを、帰りの新幹線の中で思い出した。それにしても、なぜ〝傲慢〟とまでおっしゃったのか、分からない。とにかく、ゆっくり寝て、夢に聴こう。先生が〝傲慢〟と思われた私に向き合おう、と思った。

そして、次の回の面接。

時間ジャストに研究室のドアをノックすると、「ハーイ」と先生の声。ドアを開けると、すでに先生は面接時の椅子に腰かけて待っていらっしゃった。

まず私は、「できるだけ率直にお話ししたいと思いますので、助けていただきたい」、と話し始めた。そして、私が分析をどんなに大事に思っているかを聴いていただきたかったこと。先生が私を傲慢だとおっしゃった時、私は先生を傲慢に感じて、母にそっくりだと感じたこと。そして、こころから信頼している先生に分かっていただけないのなら、「死んでしまいたい」と思ったこと。少し落ち着いてから、「とにかく夢に聴こう」と思ったこと、などをお話しした。

先生は、「僕も反省した」とおっしゃった。
「フォーダムのいうコンコルダント（同調的）逆転移で、僕が〝母さん〟をやっていた」、といわれた。同調的逆転移とは、ユング派のフォーダムという人が、クライエントの感じていることに対して、治療者が無意識的に抱く感情、と説明している。
先生は、「〝傲慢〟という言葉は適当でなかった」「ああいうことが起こった、ということを大切にしたい」さらに、「滝口さんが『夢に聴こう』と思ったことは嬉しいです」とおっしゃった。私は「これまでの先生のおかげです」と、こころから申し上げた。

次の夢は、先生が私に厳しく当たられた、その夜に見た。

旅先で　記念撮影をしている。
指導してくださった男性が　私と反対側に立たれる。
その方は　私の気持ちに気がついていながら
あえて　向こう側に行かれたらしい。
私の隣りにいらしてくださったこともあるので
私は　「欲張ってはいけない」と思う。

その方は　私たちに「ブス」といわれる。
それも　仕方ないと思う。
最後の撮影のとき　その方は
私の後ろから手をかけて　抱きしめてくださる。
何と　河合先生！
シャッターを押そうとしていた女性が　一瞬　呆然として
やがて気を取り直して　シャッターを押す。

この夢での〝ブス〟という言葉と、面接での〝傲慢〟という言葉との共通点として、先生は「普通だったら、僕は使わないでしょ」、といわれた。

まったく予期しなかった面接に直面した私は、熟慮を重ねて、小此木先生が誘ってくださった『治療構造論』の編集委員を、降ろしていただく決心をした。小此木先生が『二都物語』（東京の精神分析学と京都の分析心理学の体験）を書くように、と期待してくださっていたのに、統合できなかったことを申し訳なく思ったが、私は（二都ではなく）「一兎《いっと》を追う者」であろうと、決意したのであった。

この頃、大学の発達心理学の講義で「娘を死んで母になる」（母になるということは娘の状態を卒業する）という説明をした時に、女子学生たちは涙を流しつつ、納得した。「二兎を追うことはできない」と私の語ることに、学生たちは共感してくれたのであった。

4　脳腫瘍による出血

ワレンベルグ症候群の発症から約十年後、私は左耳が聞こえにくくなったのが気になって、大学病院の耳鼻科に通院治療した。少し改善したところで完治を諦めていると、何と、脳腫瘍による出血が起こった。一九九七年十月のことである。

この頃、日本心理臨床学会の事務局長の小川捷之《かつゆき》先生が急逝された後を継いで、私は事務局長代行を務めていた。しかも新設の京都文教大学臨床心理学科に赴任して、週の半分を京都で過ごすという、東京と京都の二重生活をしていた。京都文教大学では、大学院生の心理臨床の訓練施設である心理臨床センターの所長を兼任しており、いつも昼食を摂りながらセンターの会議を進めるのだが、十月二十二日は、まったく食欲がなかった。耳の聞こえが悪い上に、周囲を遠くに感じる離人感があった。その夜、京都大学から委託されていた大学院生のスーパーヴィジョン（心理臨床の指導）を終えて、ベッドに横になったが、寝つくことができない。一晩中、目眩《めまい》が続き、胃痛、そして熱も出てきたので、早朝の新幹線で帰京して、夫が麻酔科医として勤務していた東海大学付属東京病院を受診した。

「急性胃潰瘍」との診断だった。一晩の不安によって胃潰瘍ができるという事実に驚いたが、ドクターによると珍しいことではないという。脳については、東京病院にMRI造影検査の機械がなかったため、前田病院に検査を予約した。そしてMRI撮影によって、脳腫瘍（左側頭部内側の海綿状血管腫）であることが確定診断されたのである。

脳血管造影検査も受けた。足の血管から入れた造影剤が脳に達すると、突然パッ！と頭に電撃が走るのには、驚かされ、興奮状態が続いた。

主治医からの説明を聞いた後、私は生まれて初めての遺書を、河合先生に書いた。「何よりもこわいのは、痴呆です。万一、河合先生とお話しすることができなくなったなら、旅立つことを許してください。」お送りしたかどうか、記憶が定かでない。

東海大学東京病院から勧められて受診した池上総合病院脳外科の佐藤修先生から、「腫瘍の部位が側頭部で深く、手術をすると、半身麻痺、言語障害、記憶障害の危険が大きいので、ガンマナイフを受けるように」と指示された。手術もガンマナイフもしない場合について質問すると、「仕事が続けられるのは、長くて数年。治ることは決してない」とのことであった。ガンマナイフとは、脳の病変の治療に使う放射線装置で、放射線の被曝を最小限に抑えて深部の治療を可能にする方法とのことである。

当時、ガンマナイフの可能な病院は少なかった。紹介された医師を訪ねて遠方まで受診したが、「腫瘍が大き過ぎてガンマナイフは適用できないから、手術を」といわれた。患者が殺到して騒然としているこの病院と、診察中にかかってきた電話で長々とゴルフの話をするドクターへの不信感を、私は拭うことができなかった。「こんなに大きな腫瘍は見たことがない」「興味がある」「ＭＲＩを仲間に見せたい」ともいわれた。

病院から京都の勤務先に向かう新幹線の中で、京都文教大学の高石浩一先生が脳神経科医と知り合いでいらしたことを思い出して、車内から電話をかけた。高石先生はスイスへの留学の前日だったにもかかわらず、国立療養所宇多野病院の鎌本浩祐先生を紹介してくださった。さっそく受診すると、鎌本先生は、「(すぐに手術をするのではなく)もう少し調べた方がいいが、出血の危険があるので京都にも主治医を」、とのことであった。夫は、医学部時代のクラスメートや、アメリカで脳外科医をしている姉の義弟にも、意見を求めた。

悪性の腫瘍ではないと分かり、ガンマナイフを勧められた時点で、私は河合先生に手紙を書いた。先生は、すぐに返事をくださった。

拝復

お手紙　拝見しました。

腫瘍が悪性でなくて、ほんとうによかったです。

ガンマナイフは私もわかりませんが、こんな点に関しての近代医学の進歩は目覚ましいので、信頼できると思います。

転院、手術など大変かと思いますが、どうかやり抜いてください。私は前から言っていますように、できる限り、お会いし続けますから。

それと、「したいことをする」のが大切なので、それをしてください。と言っても、あまり頑張らないように。河合式いい加減　を見習ってください。

御家族の皆様に　よろしく伝えてください。

よい年を　お迎えください。

十二月二九日

河合　隼雄

滝口　俊子　様

河合先生も、脳の専門家や息子さんにも相談し、漢方薬についても調べてくださった。漢方薬は、月に十万円以上もかかるとのことであった。

ある回の面接では、先生が所長をしておられた国際日本文化研究センター（日文研）に呼んでくださって、職員に依頼して、先生と私が並んだ写真を写してくださった（口絵v頁）。「この世の別れのために」か、「生き抜く支えに」と思ってくださったのか、私はお尋ねする勇気がなかった。

先生は「（滝口に対して）感じたことは必ずいいます」「一緒にやってゆきましょう」「死ぬことは、僕もずっと考えています」とおっしゃった。さらに「この体験を、テープに入れてでも書いたら」と勧めてくださった。

脳のMRIの写真に数センチ四方の腫瘍が写っているのを見て、先生はティッシュペーパーを取り出された。私の苦悩を分かってくださっている優しさに、こころ打たれたが、すでに私の涙は涸れていた。

「河合式いい加減」を見習って、手術もガンマナイフも受けないまま、六カ月ほど経過した。再びMRIを撮ると、脳血管腫はわずかながら縮小して、新たな出血は認められず、腫瘍内部の出血の一部は吸収されている、とのことであった。

国際日本文化研究センターの所長を退職後、先生は文化庁長官となり、社会的な活動はさらに増したが、私と会う時間を作り続けてくださった。

二〇〇三年十二月に、河合先生は、「ずいぶん落ち着いてきたので、治ったのではないか」、とおっしゃった。そして、北海道の小樽で開業しておられる脳神経科クリニックの越前谷幸平先生を受診するように、と熱心に勧めてくださった。先生は、越前谷先生と児童文学を通じて親しい交流があり、信頼しておられた。

夫が記してくれた私の病歴を持って、越前谷クリニックを受診したのは、二〇〇四年一月五日のことであった。大学の冬休みを利用したので、小樽の町は雪が積もっていた。「診断が確かなので、全国から大勢の患者が集まって来る評判の先生」と、タクシーの運転手さんが誇らしげに話してくれた。

予約制にもかかわらず、待合室いっぱいに患者が待っているなか、越前谷先生は丁寧に診察してくださった。「血管から発生している腫瘍であるために、出血の危険性があり、血圧のコントロールが必要」、とのことであった。ＭＲＩの性能が良くなったのか、先生の読み取りの能力の素晴らしさによるのか、私の血管種は先天性で、静脈奇形も存在しており、小児期にも出血しているとのことであった。私の幼い頃は、第二次世界大戦の前後の混乱期だったので、出血に誰も気づかなかった。

脳の専門家に対して、私は初めて信頼と尊敬の気持ちを抱くことができた。

クリニックの待合室の壁には、大小の洋画が飾られている。先生ご自身も描かれるとのことで、父が洋画家であった私は、いっそう親しみを感じ、今も受診を続けている。

後に河合先生が脳梗塞で入院中、嘉代子夫人は、「越前谷先生に見ていただきに北海道に連れて行きたい」といわれた。越前谷先生は、河合先生の病状を北海道から見守り続けておられた。

河合先生の脳梗塞発症の衝撃と、逝去の哀しみを、越前谷先生は支えてくださった。


脳の病をめぐって、もう一つ記しておきたいことがある。

私が、立教女学院短大を辞めて京都文教大学人間学部臨床心理学科に移ったのも、放送大学大学院の臨床心理プログラムの立ち上げに携わったのも、河合先生のお勧めであった。「心理臨床ワールドの発展のために、先生のお考えに従いたい」、と私は思っていた。ところが、京都文教大学から放送大学大学院へ移ったのは、先生が私の個人的な事情を案じられてのことだったのを、河合先生が脳梗塞を発症される少し前に知ることになったのである。

ある日、私が放送大学に勤務していた時の副学長の麻生誠先生が、退職後に東京女学館の総長になられたので、お祝いかたがた、河合先生の紹介で関わり始めた「心拓塾」についての説明にあがった。「心拓塾」とは、各界の一流の方々を講師に迎え、親子で一緒に学ぶという塾で、河合先生が信頼しておられた秋沢志篤《ゆきあつ》さんが創始され、私も関与していた。

麻生先生は私を迎え入れ、話を聞いてくださった。そして、私の病について尋ねられた。私自身が病について打ち明けていなくても、人づてに知っている方は多いが、なんと麻生先生は、河合先生から聞いておられたのだった。私の病のことと、父が高齢であるという理由で、私が東京に戻れるようにと放送大学に推薦してくださったことを、この日、初めて知った。河合先生が、私の病という私的なことを麻生先生に話されていたことに、びっくりした。

分析においては「何もしないことに全力をあげる」と常々おっしゃり、プライバシーを固く守られる河合先生が、私が自宅から通える関東の大学に移るという現実的なことのために、積極的に動いてくださったのである。

河合先生の推薦で、専門誌に論文を執筆したこともある。博士論文の執筆や著書の出版も、折に触れて勧めてくださっていた。

心理面接においては「何もしないことに全力をあげる」河合先生は、私の現実生活には濃《こま》やかな応援をしてくださった。

5　この世ではないところ

二〇〇〇年代に入って、私は放送大学大学院の同僚と仕事上での考えが合わなかったり、会長を務めていた東京臨床心理士会では、臨床心理士の国家資格をめぐって気をつかうことが多かった。さらに事務局長を務めていた日本心理臨床学会では、会計を委託していた学会事務センターが倒産するという、まったく予期しなかった困難に直面した。さらに高齢の父が入退院を繰り返して、公私ともに多忙な日々であった。

私自身、脳梗塞発症以来、右手が震え、高血圧が続いて、左胸には鈍痛があった。気分が晴れることがなく、トイレに行く夢が続いて、夢の内容は貧困であった。

そんな状況の時に、この世のこととは思えない、不思議な夢を見た。

☽ 不思議な雰囲気の　素朴な家で
私の部屋を決めていいといわれる。

いくつもの個室を見て廻る。
母の部屋には
素朴な机が置いてあり　書き物をしているらしい。
質素なトイレが　二カ所ある。
男性と女性が　住む家らしい。
見知らぬ女の人は　私に　一階の部屋を勧める。
庭先は　果てしない海につながっている。

すでに亡くなった母の住む海辺の家に、私の部屋が用意されている夢を見て、私自身も河合先生も、あの世での住まいを連想した。先生は、不安になっている私に、淡々と、「向こうから（あの世から）こちらを見るように」、と示唆された。
先生は、脳梗塞で声を失った免疫学者の多田富雄氏が、会議に出席して、パソコンを用いて発言しておられるという話をされた。最後まで生き切るように、との私へのメッセージであったかと思う。

次のような夢も見た。

☽私は　襟元をレースで飾った白いブラウスと　紺のスーツを着ている。
死にゆく時の衣装のよう。

☽河合先生が　奥様と一緒に
大晦日《おおみそか》に　山車《だし》に乗って　手を振っていらっしゃる。
○○寺と　○○寺を　廻られるとのこと。
その一つは　西大寺のように思う（注・西大寺のすぐ近くに先生のご自宅がある）。

その頃、入院中の父の語ることを弟が筆記して、出版が叶った。河合先生は、産経新聞のコラム「縦糸　横糸」に紹介してくださった。大喜びした父は、「また書く」と元気を取り戻したが、「また」は叶わずに、明治・大正・昭和を生きた画家としての一生を終えた。

不思議な夢は、続いていた。

☽ 私は　天理大学の建物のような雰囲気の建築に囲まれた中央にタライのようなものに乗って、空から降りる！
スムーズに着地して　ホッとする。

☽ 我が家の隣りの空き地で
大勢の男性が　井戸を掘っている！

☽ 飛行機（飛行船？）が上空から　どんどん降りて来る！
飛行船の屋根が　飛び出たり　引っ込んだり　自由に動く！
感心して見上げていると　二人の飛行士が機体の外に出て来て
私に　話しかける。
私は「ありがとうございまぁす」と　大きな声で応える。

二〇〇五年になって、先生は、クロアチアとフランスの旅に、嘉代子夫人と連れだって行かれた。出かけられる直前、ほんとうに珍しいことに、旅程と連絡先のホテルの電話番号のメモをくださった。行かれる先々のホテルに、旅の無事を祈ってお送りした私のファクスは、なぜか宛先に着信しなかった。
ヨーロッパから帰国された先生は、「最後と思ったけれど、また海外旅行ができそうです」と喜ばれた。そして、「心の音楽処方箋コンサート」において、「現代における『愛、母、夢』」の講演と、フルート演奏もされた。「母」、「愛」、「夢」は三部作のCDとなって発売され、サインをしてプレゼントしてくださった。このCDが、先生からいただいた最後のプレゼントとなってしまった。

先生の亡くなられた後で、私は「二股に分かれた、大きな木」の夢を見た。音楽と心理臨床とを大切にされた、河合先生のお姿であろうかと連想した。「庭に木を植える」という私の初回夢から考えると、私のこころに育った木かもしれない。二股は、心理臨床への取り組みと個人としての成長を表わすのか。あるいは、長年にわたって河合先生から学ばせていただいたものと、心理臨床へのスタートの時点で訓練してくださった小此木先生の教えの、二つかもしれない。この夢について、先生と話し合えなかったことが、残念でならない。「二股の大きな木」を、私は想い巡らせ続けている。

第5章　さまざまな賜物《たまもの》

1　お会いした場所

教育分析の初回は、京都大学の教授室であった。入り口のドアを開くと衝立《ついたて》があり、「TRUTH LIES HERE（真実はここにある　あるいは　真実はここで嘘をつく）」との文字のプレートが掲げられていた。衝立の向こうに、窓を背にして先生が座られ、小さなテーブルを挟んで、私は腰かけた。左手には先生の大きなデスクがあり、いつも書類の山だった。研究室は本棚で囲まれており、書籍が溢れていた。

京都大学での教育分析は、先生の研究室のほか、箱庭を作るときには心理臨床の行なわれる面接室も使用した。学生部長として寮の撤廃問題に取り組んでおられた時は、先生は学生部長室を離れることができず、応接セットのある広い学生部長室でお会いしたこともあった。

奈良の先生のご自宅で、会ってくださったこともある。ピアノの置かれた応接間の時も、二階の面接室の時もあった。ご自宅は西大寺のすぐ近くにあり、私は面接の前後に、静かな西大寺に立ち寄ることが常であった。鞍馬口に仕事場を設けられてからは、落ち着いた箱庭療法の部屋と面接室で、会ってくださった。広い応接間に通していただいたこともある。

東京に会議や講演などでいらした時には、ホテルのロビーや部屋、喫茶室でお会いすることもあった。出版社の会議室や、講演先の控室などでお会いする時には、人が入って来ないように断ってくださった。熱海での会議の後に会うことになっていた回では、お帰りの新幹線の車中で夢を聴いていただくことを思いつき、指定席を並んで取った。静岡で下車した私が帰京するために上りのホームへと歩いて行くと、先生は京都行きの動き出した車窓から手を振ってくださった。分析の時間中には見せられることのない、日常の笑顔であった。

文化庁長官になられてからは、長官室でお会いすることもあったが、仕事の関係の方が出入りするので、東京のお住まいの千代田区三番町マンションの応接間で、文化庁へ出勤される前にお会いすることが多くなった。お堀端の桜並木を見降ろすことのできる、ゆったりした部屋だった。

どこでお会いしても、面接室でお会いする時と同じように、先生の無意識に開かれた態度によって、私は夢の世界にスーッと入ってゆくことができた。

かくして、ご多忙を極める河合先生との、七五四回の面接が可能になったのである。

分析の時間以外にも、こころの問題に取り組む日本心理臨床学会の理事会や日本臨床心理士会の役員会、日本臨床心理士資格認定協会の会合、文部科学省や文化庁の会議、京都文教大学や山王教育研究所での研究会、雑誌の座談会など、数多くの機会に同席することができた。

学会や研修会はもちろんのこと、あちこちで開催される先生の講演会へも、私は参加した。事前に先生から知らせていただくことがなくても、新聞や雑誌で見つけたなら、何をおいても参加していた。

NTTコミュニケーションズの子育てに関する質問に応えるウェブサイトや、ヒーローズエデュテイメント株式会社の親子で共に学ぶ心拓塾にも、先生に誘っていただいて関わった。一緒に招かれた、豪華な食事の会もある。

公的な場面での先生は、周囲の人々に気を配られ、主催者を盛り立てられた。さりげない細やかな配慮によって、先生のいらっしゃる場は話や笑いが絶えることはなかった。先生の日常の賑やかな対人関係に比べ、分析の時の大きな河のような静けさは、まさに別世界であった。面接では、日常の世界を超えた心の深みを見つめておられた。

河合先生のご逝去後、ある出版社の辞典に河合先生を紹介する原稿の依頼があり、私は次のように記した。書きたいことが次から次へと想い浮かんできて、規定の文字数に収めるのに苦労した。言葉足らずであるが、紹介したい。

河合　隼雄　かわい　はやお（一九二八年—二〇〇七年）

自然ゆたかな丹波篠山で、歯科医の父、優しい母、ユーモアに富む五人兄弟に囲まれて育つ。京都大学在学中、兄の河合雅雄（霊長類学者）と下宿し、影響し合う。京都大学理学部卒業後、数学の教師になり、生徒の心を知る必要を感じ、心理学を学ぶために大学院に入学。ロールシャッハ・テストに取り組み、フルブライト留学生として、ＵＣＬＡのクロッパーのもとに留学する。フォーダム著『ユング心理学入門』に出会って、シュピーゲルマンに分析を受け始め、ユング派精神分析家の資格を取るように推薦される。いったん帰国後、スイスのユング研究所へ家族を伴って留学。最短記録で日本人初の資格を取得する。京都大学での講義を骨子に『ユング心理学入門』を出版、ユング心理学を広め、カルフから学んだ「箱庭療法」を紹介する。臨床心理学の専門書・児童文学に関する著書を次々と出版し、『昔話と日本人の心』で大佛次郎賞、『明恵　夢を生きる』で新潮学芸賞。日本心理臨床学会賞、日本放送協会放送文化賞、朝日賞、紫綬褒章、文化功労者顕彰等を受賞。世界各地のユング研究所、エラノス会議、国際学会、諸大学などで講義し、外国語による出版も多い。京都大学教授・学生部長、国際日本文化研究センター所長、文化庁長官、日本心理臨床学会理事長、国際箱庭療法学会会長、日本臨床心理士会会長、学術審議会や中央教育審議会などの各種委員や座長、文部科学省顧問等により、学会は勿論のこと、社会的に多大な影響を及ぼした。各界の著名人との対談集も出版されている。還暦を記念して再開したフルートは、専門家とも共演し、ＣＤも発売されている。非営利活動法人 文化創造を設立。最後の著書となった自伝的創作『泣き虫ハァちゃん』は、子どもにとって重要な自然・家族・きょうだいの意義を考えさせられ、挿絵も楽しく、子どもも読むことができる。文化庁長官三期目の在任中に脳梗塞を発症、一年あまりの闘病後、クライエント・役人・学者・文化人・友人・弟子たちなど多くの人々に惜しまれつつ、この世を旅立った。（『産業カウン

セリング辞典』金子書房、二〇〇八年）

2 『思い出のマーニー』

河合先生は、数多くの児童文学を紹介しておられる。

先生は小さい時から、お話を読むことが大好きで、たくさんの本を愛読し、小学生の時には、クラスメートの前でお話をする役目を担任教師から与えられていたという。

やがて心理臨床家になってからは、クライエントとの面接過程を公表することは守秘義務のためにできないので、児童文学を通して心理臨床の紹介につとめられた。

一方、私は、小学生の時から童話を書く姉に、母が教育ママ的に関わるのを見て、読むことも書くことも避けていた（とても姉には敵わない、という気持ちからでもある）。河合先生と出会い、先生の解説や書評に刺激されて、私も児童文学を読むようになった。『ゲド戦記』や『モモ』を熱中して読んだ夏もある。

『思い出のマーニー』（ジョーン・G・ロビンソン著、松野正子訳、岩波書店、二〇一四年）が米林宏昌監督によって映画化され、宣伝しているのが目にとまって、私は、久々にこの本を読み直した。

ずいぶん以前に読んだので、主人公の少女がアンナという名前であったことも、忘れていた。さらに驚いたことは、解説を書かれた河合先生の、アンナへの深い想いである。

この解説を書かれたころの先生は、私のクリスチャンネームがアンナであることを知っておられた（アメリカ人の宣教師が私にアンナと名付けてくれたことや、その宣教師が自死したこと。さらに、私が洗礼を受けた時の名親のひとりが、洗礼を授けた司祭と恋に陥って、司祭が失職したという、娘時代の耐え難かった体験も、先生にお話ししている）。

『思い出のマーニー』の中のアンナは、生まれてすぐに両親が離婚して、再婚した母親は交通事故で死亡し、引き取った祖母もまもなく世を去ってしまう。施設に収容されていたアンナは、プリンストン夫妻に引き取られた。やがてアンナは、自分を育てるために夫妻がお金をもらっていることを知ってしまう。

そして、アンナは、喘息の治療のために海辺の村に転地療養に来ていた（私がアンナの年齢のころ、みなしごのようであったことは先にも記したが、微熱が続いて、年老いた小児科医に療養することを勧められたことも、アンナと共通している）。

アンナがマーニーに出会って元気になってゆく癒しの過程について、河合先生は、次のように述べておられる。

本書の素晴らしさは、アンナとマーニーの美しい交流を生き生きと描き出しつつ、その過程がマーニー抜きで、ひとつの現実と見ることができることを如実に示していることである。マーニー抜きでこの話を見るとき、喘息治療のために転地してきた少女が、きままな生活をしているうちに、少しずつ気がふれてきて夜中に勝手に家を飛び出したり、風車小屋に行ったりして何度も生命の危険に陥るということになる。（プリンストン夫婦からアンナを預かっている）パグ夫婦がせっかく大切にしてやっているのに、彼女はとうとう溺死しそうにさえなる。このことは何を意味しているのだろう。それは、たましいの次元に至る深い癒しの仕事が行われるとき、その人は、精神病や自殺や事故死などの危険極まりない世界の近くをさまよわねばならぬことを意味している。そのときに、ペグ夫婦のような人や、それらを取り巻く自然などの守りがあってこそ、仕事は成就されるのである。

私にとって、河合先生は、アンナを丸ごとに受容するペグ夫婦であり、アンナを取り巻く自然の守りであった。

物語においては、やがてアンナは元気になって、マーニーとの別れの時が訪れる。
河合先生は、次のように述べておられる。

> 別れることは淋しい、しかし、充分な体験を伴う別れは、新しい出会いをアレンジするものだ。

『思い出のマーニー』の解説を書かれた当時、河合先生が私を思い浮かべておられたかどうかは不明であるが、改めて読み返して、西洋のアンナと日本のアンナ俊子との共通性に驚くばかりである。

3　こころに響く言葉

二〇〇三年七月一日、私は次のような夢を見た。

☽ 河合先生から「星の王子さま」が腰に下げているような

長い剣をいただく。
指揮者の佐藤先生が　小高い丘の下から
私に　剣を使ってみるように　とおっしゃる。
私は　剣を振り上げてみるが
佐藤先生の近くまで降りて行って
指揮の指導を　お願いする。

この夢に関して先生は、「昔、剣は指揮に用いられた」と説明された。さらに、私が「下に降りて行った」ことに注目された。「良い夢だ」とおっしゃった先生の言葉から、私は、小高い丘に止まらずに、河合先生にいただいた剣を持って、下へと降りて行く必要性を感じた。

先生は夢について、いわゆる〝解釈〟をされることはなかったが、私の見る夢に関心を向け続けてくださった。夢をめぐって、私のこころに響く短い言葉をかけてくださることによって、私は夢に関心を向け続けることが可能になった。「悪い夢」とおっしゃった記憶はないが、「良い夢」と言われたことや、「素晴らしい」「もっと深まるでしょう」と言われたことは、数多くある。

先生の存在によって、私の夢の質や量が左右されることは、先生が長期間の休暇に入られると、私の見る夢が少なくなることによって、実感していた。

京都大学大学院の授業中に、大学院生の事例に先生がコメントされた言葉を速記した冊子が、学生たちの間で大切に読み続けられていた。河合先生の簡潔かつ明快な言葉は、学生たちの心理臨床の指針になっていた。

面接のなかでの先生の言葉は、私の公私ともの場面で役だっている。どんなに難しい局面でも「中心を外さずに居る」

「自己実現（個性化）には苦しみを伴う」

「希望を持ち続ける」

「大きな存在にゆだね、全力を尽くす」

「たいていのことは、うまくゆく」

「真摯に取り組み、ゆとり（ユーモア）を失わない」

「元気に明るく、という標語ではない、楽しさを見つけなくてはいけない」

「清らかがいけないのではなく、その裏打ちが大切」

「結論を急がない」

「見通しをもつ」

「何ごとにも両面ある」

「白黒を決めつけない」

何かと白黒をはっきりさせたがる私を、批判されるのではなく、「四九と五一くらいの違いです」と、いわれた。

面接において身体の痛みを訴え続けていた私は、自分の幸せに目を向けていないことに気づいて、そう申し上げると、先生は「ここで話していることは、（普通の）グチとは違う。いいことは、話す必要はない。マイナスのことが、たましいに通じている」とおっしゃった。忘れられない言葉である。

私にいわれた「仲間がいるといい」という言葉は、常にリーダーであることを期待され続けている先生ご自身の、願いであったのかもしれない。

先生が特にお好きだった言葉は、鎌倉時代初期の名僧明恵上人の修行道場に掲げてあったという〝阿留辺畿夜宇和　あるべきやうは〟であった。ご著書のサインの横に、書き添えてくださったこともある。先生は常に、ご自身の〝あるべきやうは〟を厳しく問い続けられたのだと思う。「あるべきように」生きるのではなく、その時々において「あるべきやうは何か」を生きようとする、実存的な生き方をされた。「うそつきクラブ」を公言して、常にユーモア溢れる発言で場を和ませてくださった先生は、実に真剣に生きておられた。

二〇〇五年八月ころ、先生は私に、「いつ（人生が）終わるかを考えるよりも、今することをし、感じることを発言するように」、という趣旨のことをいわれた。

先生が先か、私が先かと、死の影に脅えていた私への、厳しいけれど温かい励ましの言葉であった。

4　いくつもの励まし

先生は私に「単著を執筆するように」と、折りあるごとに勧めてくださった。

それまでも分担執筆の誘いには書いていたが、自分一人で書く自信はなかった。そんな頃、当時法藏館の編集者であった中嶋廣氏が「これまでに書いたものを見せて」と言ってくださり、紙袋いっぱいの原稿をお見せした。「五冊分くらいになります」という中嶋氏の言葉を、有頂天になって報告した私に、河合先生は、「過去のものではなく、新しく書いて出版するように」と言われた。中嶋氏とのご縁は小此木啓吾先生がつないでくださったものだったが、小此木先生の指導から巣立った私として書くように、とのことだと思った。
勤務の合間を縫っての執筆には時間を要したが、中嶋氏は待ち続けてくださり、司修さんに装丁していただき、私の初めての著書『子どもと生きる心理学』（法藏館、一九九六年）が世に出ることができた。
河合先生はこの本に、こころの籠った序文を書いてくださった。

出版されると、すぐに先生はＦＡＸを送ってくださった。

滝口　俊子　様
出版　おめでとうございます。
心から　お慶び申し上げます。
中嶋さんの手紙には　次の出版のことも書かれていました。
博士論文と共に　今後ますます精進されることを期待しています。

河合　隼雄

十月二五日

このころ、河合先生は、文化庁長官として国際的にも大活躍され、日本臨床心理士会会長として臨床心理士の国家資格問題に取り組んでおられた。

二〇〇四年には、速水敏彦先生と私の対談を本にまとめた『真実を求めて　司祭と臨床心理士の対話』（聖公会出版）にも、序文を書いてくださった。速水敏彦先生は、私の立教大学時代のチャプレン（大学つき牧師）で、後に立教女学院短期大学の学長になり、私は一緒に勤めさせていただいた。河合先生の病の発症と、ご逝去を、悼んで慰めてくださったが、その速水先生も間もなく天に召された。

河合先生は、速水先生の語られるキリスト教信仰について深い理解を示され、著者たちが意識していなかったほどに本書の意義を見出して、序文を書いてくださった。いまだ実現していない可能性にも目を向けてくださるのは、河合先生の心理面接の姿勢と同じであった。

著書への序文だけでなく、放送大学教授として私が担当するテレビ科目に出演もしてくださった。『心理臨床の世界』『スクールカウンセリング』『乳幼児・児童の心理臨床』などの講義を、文化庁長官室で収録させていただいた。ベテランのディレクターやカメラマンや音声係の人たちが、先生の分かりやすい講義に感銘を受け、私は誇らしかった。

放送大学副学長の柏倉康夫先生の推薦もあり、特別講義として、河合先生の『明恵上人と夢記』の番組も作った。明恵上人ゆかりの地、高山寺での収録は、ディレクターら収録隊の熱意もあり、充実した作品になって、河合先生も、とても喜んでくださった。

私の博士論文執筆については、機会あるごとに励ましてくださった。立教大学の島津一夫先生や正田亘先生も勧めてくださったにもかかわらず、大学内外の責務に追われて自分の時間を作れなかった。今になってみると、論文執筆の苦しみから逃げるために、教育や社会的な活動に精を出していたのかもしれない。

いつになっても博士論文に取り組まない私に、やがて河合先生は諦められたのか、「単著を書くように」とおっしゃるようになった。出版社も決めてくださり、目次案をお見せしたこともあったが、月日は過ぎてしまった。「女性の個性化」をテーマに書くつもりであった。序文をいただけないことは真に残念であるし、先生がお元気でいらした時に応えられなかったことが、悔やまれてならない。

5　最後の年のこと

この世で先生とお会いすることのできた最後の年、亡くなられる前年の二〇〇六年には、不思議なことがいろいろあった。

それ以前の先生は、嘉代子夫人に私のことを話しておられる気配がなかったのに、この年のある分析の時、「東京でもらったから」とたくさんのお饅頭をくださった。私は、「ご自宅に宅急便でお送りします」と申し上げると、先生は「家内が滝口さんに上げるようにといっている」とおっしゃった。

また別の日には、面接の直前に嘉代子夫人に東京での住まいのエレベーターの前でバッタリお会いしたら、私の体調のことを濃やかに心配してくださった。

先生が講演で贈られた大きな花束を、日本臨床心理士会の会議後、私にくださったこともある。突然のことに驚いて、舞い上がった私は、その日の資料を机の上に置いたまま会議室を飛び出してしまった。

奈良県明日香村の高松塚古墳国宝壁画損傷問題の話し合いに、責任ある立場の文化庁長官として、年末に私がプレゼントした「魚の柄のネクタイをして、こころを引き締めて行った」、とおっしゃった。

長年の分析関係において、先生ご自身のことや嘉代子夫人のことを話されることはなかったし、大勢の前では個人的な関わりは決してもたれなかったのに、初めてのことが続いたのである。

その頃、文化庁長官としてさまざまな任務にお忙しいなか、NTTコミュニケーションズのe-mamaというウェブサイトにメッセージを連載しておられた。先生は、巻頭言に私の名前を出して次のように書いてくださった。このようなことも、初めてである。次にそれを引用させていただく。


この広い世界のなかには、今も飢えに苦しんでいる子どもたちがいます。戦争の災害であったり天災であったり、大変な状況のなかで、食料が不足し、飢えで死ぬ子どももいて、胸の痛む思いがします。

テレビなどで時にその様子をみると、我々の住んでいる日本にはそんなことはなく、幸福なことだと思います。

ところが、最近、日本でも「飢えている子」が多いという言葉を聞いて、ドキッとしたことがあります。それも、災害が起こったとか、虐待する親のため、などというのではなく、普通の幼稚園や保育所にいる子どもについての話のなかで、こんな言葉が出てきたのです。これは、皆さんおなじみの、かつてこのサイトの子育て相談室を担当しておられた、滝口俊子先生よりお聞きしたことです。滝口先生は今、「保育カウンセリング」に熱心に取り組んでおられます。幼稚園や保育所を訪問し、そこの子ども、保護者、そして先生方の相談をしておられます。なかなか大変なお仕事です。

滝口先生が子ども達が「飢えている」と言われるのはどういうことでしょう。先生が幼稚園や保育所に行かれると、子どもたちがわっと集まって来ます。子どもたちは滝口先生が好きなのです。そして、そのときに、少しでも先生との体の接触があったり、せめて服に触れるだけでも、何とか先生に触れたがる子どもが実に多いのです。その様子を見ながら、「今の子どもたちは、愛に飢えている」と感じた、と言われました。

それなら、その子たちの家庭の親は愛情が薄いのでしょうか。決してそんなことはありません。多くの親は自分の子どもの幸福を願って一生懸命です。

しかし、子どものためと思うときに、どんな服を着せるか、車で送り迎えするのか、食事の栄養はどうか、旅行に連れていってやらねば、などと、することを考えることが多いのです。その上、経済的に恵まれてくると、他の家でしていることがいろいろ目についてきて、それに負けずに、などと努力することになります。

このために親は大変忙しくなって、子どものために動きまわることが多く、ゆっくりと子どもを抱いてやる、手をつないで散歩するなど、身体接触を伴いながら、子どものこころが一番安定する時間が、ぐっと少なくなるのです。

そこで、親の愛情はありながら、滝口先生が言われるような「愛に飢えた子」が多くなってきます。この愛は子どもをまるごと受け入れることだ、と言ってもいいでしょう。物があまりに豊富になったので、日本人の目が物にくらんで、親と子の愛情において一番根本になる、身体接触を伴って時間を共有する、ということが忘れられていないでしょうか。これが不足すると、子どもはどうしても不安定になり、落ち着きを失います。幼い子を持つ親御さんによく考えていただきたいことです。

この後、「待つ力」と「秘密基地」と題した文章を執筆され、突然の脳出血の発症によって、先生の巻頭言は終わった。

先生からの言葉によるメッセージはなくなってしまったが、その後も不思議なことが続いている。嘉代子夫人と奈良のお墓にお参りに行った時、帰りがけにお墓に供えた蠟燭の火を消そうとしてもなかなか消えなかったり、また別の日には、お墓をおいとまする際に、晴天にもかかわらず雨がパラパラと降ってきた。先生も以前いらしたことのある佐渡島で、早朝の海を眺めながら先生を想い浮かべていたら、垂直の虹がかかったり、など。

夢のなかでは、今も語りかけてくださっている。長年にわたって見守ってくださった不肖の弟子を、今も気にかけてくださっている（と思うことによって、自分自身を慰めているのかもしれない）。

第6章　この世での別れ

1　予知夢

二〇〇六年七月二十九日（土曜日）、東京での住まいである千代田区三番町住宅で、河合先生とお会いした。教育分析を開始して二十一年、七五四回目であった。

面接のあと、先生は、いつものように玄関まで送って来てくださった。文化庁長官の仕事を夏休みにして、四万十川でオーケストラとフルートの共演をし、その後に河口湖で佐渡裕氏とフルートの二重奏をするので、次回の面接は八月二十四日になる、と面接の間隔があくことを謝られた。私は、次にお会いするまで日があくことを残念に思ったけれど、「フルートを吹かれるのは、お身体によいのではないでしょうか」と申し上げた。

その時、なぜか突然、先生を抱きしめたい気持ちが込み上げてきた。分析者に対して好意を抱く陽性転移の時期は、卒業していたし、尊敬申し上げている先生に抱きつくなど畏れ多くて、そんな気持ちが湧き上がってきたのは不思議であった。

その頃の私は、まさに働き盛りで、この八月も勤務していた放送大学大学院の講義をはじめ、九州大学など非常勤校での集中講義、各地の教育委員会などから依頼される講演、学校臨床心理士（スクールカウンセラー）全国研修会の講師など、先生とお会いできない淋しさを感じる暇もないほど多忙であった。日常の仕事に忙殺されていた私は、深い夢を見ることも少なくなっていた。

そんな時に、思いがけない夢を見た。

☽私は　見慣れない部屋の　ソファに腰かけて
　夜空を見上げている。
　北斗七星が　はっきり見える。
　突然　北斗七星が　流れる!!

びっくりした私は、先生の夏休みがあけたら聴いていただこう、と夢を記録した。

先生とお話しすることのできない事態に直面しようなどとは、まったく予想していなかった。

2　緊急入院から逝去まで

二〇〇六年八月十七日（木）の夜、放送大学での会議や大学院生たちとの会食を終えて、私は大学のセミナーハウスの個室に到着し、テレビをつけるや、河合先生が「脳梗塞で入院」のニュースが流れた!!　一晩中、眠れずにテレビをつけていたが、詳しい情報は分からない。夜が明けるのを待って、セミナーハウスの近くのコンビニへ走って行き、新聞を買い集めた。

新聞報道によると、「脳梗塞による急性脳浮腫のため脳圧を下げる緊急手術をした。手術は成功したが、意識はなく肺炎を併発して重篤の状態」とのことである。八月九日に高松塚古墳（奈良県明日香村）国宝壁画損傷問題で、文化庁長官として同村を訪ね謝罪されたことが負担だったのではないか？　と記した新聞もあった。先生ご自身は、国宝壁画損傷に関する記者会見について、「学生部長時代の団交を思い出した」と私に話されたほど、お気持ちにゆとりがあった。

脳梗塞の発症による入院は、佐渡裕氏と河口湖でフルート二重奏をされる予定の二日前、祇園祭を楽しまれた翌日であった。私は居てもたってもいられず、八月三十一日(木)、天理よろず相談病院へお見舞いにうかがったが、お会いすることはかなわなかった。

十月二日(月)、眠れずに夜中に枕元のラジオをつけると、一九八五年の秋に京都大学大学院の音楽会で河合先生がフルートで吹かれた、メンデルスゾーンの〝歌の翼に〟が流れた。

十月六日(金)に、次の夢を見た。

和室に横たわっておられる方を
数人で　見守っている。
とうとう　最期の時を迎え
私は思わず「ありがとうございました!」と
言葉をかける。

予知夢とは、思いたくない。この夢を、河合先生に聴いていただける日の来る希望を、私は抱き続けていた。

河合先生を想い、祈らずにはいられない日々が続いた。

先生への気持ちは、日によって変わる。お会いすることのできた日々を想って、もっともっと大切に過ごせばよかったと後悔したり、不肖の弟子であることを申し訳なく思う日もあれば、突然お会いできなくなってしまったことを無念に思い、予告してくださらなかった先生を恨みたくなってしまうこともあった。

十月二十一日（土）の日記に、私は次のように書いている。

河合先生のこころは　今　どこにおられるのですか？
花畑の上を　蝶のように？
高い空を　鳥のように？
深海を　魚のように？
それとも　天国近くで　母上さまと会っていらっしゃるのですか？
自由に　楽しく　いらしていただきたい。
できることなら　地上に戻って来ていただきたい！

お会いしたいのです。

十一月二十五日（土）には、次の夢を見た。

河合先生が　私を　抱きしめてくださる！

姉が若くして亡くなってから、姉が属していた俳句結社の雑誌『馬酔木《あしび》』に、私はまったくの初心ながら、姉のことを詠んで投稿していたが、このころからは河合先生を想う句ばかりが浮かんできた。

秋の空　生死さまよふ　師を想う
師の意識　戻らぬままに　秋の風
秋の空　見上げて祈る　師の病
悲しみの　癒えぬ間に来る　冬の風
師の意識　戻らぬままに　梅真白
春の風　高く流れて　師を想ふ

師の好む　独活《うど》を探して店先へ
師の病　好転もなく　梅雨迎え
春の雲　高く流れて　師を想ふ
夏過ぎて　なお戻り来ぬ　師の意識

三番町住宅で先生とお会いしていた朝、ときに電話がかかってくることがあった。河合先生の身を案じられた嘉代子夫人からのお電話であったかと、今になって思う。先生のご健康を、もっともっと私は配慮すべきあった。

二〇〇七年一月十七日、文化庁長官を休職中の河合先生は、任期満了を迎えて退職された。先生の休職にともなって文化庁長官を兼務していた近藤信司文部科学審議官が、長官に就任し、「河合前長官を継承し、文化の力でこの国を活性化する」と挨拶した。四月には青木保・早稲田大学アジア研究機構客員教授が、文化庁長官に新たに就任した。世の中はどんどん動いているのに、河合先生の意識は戻られないまま、入院が続いていた。

そして、二〇〇七年七月十九日（木）午後二時二十七分、河合隼雄先生は、天理よろず相談病院にて、逝去された。六月二十三日に、七十九歳を迎えられたばかりであった。

夢を聴いてくださっている最中に、先生は両手で顔を覆われることがあった。私の厳しい心境に涙して顔を覆われることもあったが、最期のころは度々であったので「お具合が悪いのでは」とお尋ねしたこともある。先生は、私の心配を否定されたが、頭痛か目眩《めまい》がしていらしたのではないか。もっとお尋ねするのであった、との後悔が、今も続いている。

3　追悼式

二〇〇七年九月二日（日）午後一時から、国立京都国際会館で、河合隼雄先生の追悼式が行なわれた。日本心理臨床学会やトランスパーソナル国際会議など、河合先生が関わられた会合で幾度となく訪れた、緑豊かな自然の中の会議場である。当初、京都大学内で追悼式が計画されたけれど、参加者の多いことが予想され、嘉代子夫人の意向もあって、国際会館へと変更されたとのことであった。

京都大学理事で副学長の東山紘久先生を代表に、京都大学の心理臨床学関連講座の先生方を中心とする発起人による、こころのこもった追悼式であった。私は、これが河合先生をお祝いする会で、先生のユーモア溢れるお話を聴かせていただくことができたなら、と思わずにはいられなかった。

式の開始より一時間以上早く到着した私は、祭壇の先生の写真の真っ正面の席に着席した。

河合先生が関与された文部科学省、京都大学、国際日本文化研究センター、日本臨床心理士会を代表して、それぞれ追悼の言葉が述べられた。先生と親しい交流のあった梅原猛氏、鶴見俊輔氏、中沢新一氏が、先生との思い出を語られた。どの方の言葉にも、河合先生への敬愛の情が溢れていた。河合先生を文化庁長官に指名された、小泉純一郎元総理大臣の姿もみえた。

お別れの言葉が続いた後、音楽を愛された河合先生の霊前に、ブラームスの「弦楽六重奏曲」が捧げられた。先生も一緒に聴いておられる、と私は感じた。

最後に、長男の河合俊雄氏から挨拶があり、参列者全員によって献花が行なわれた。

この日、私は、どのようにして京都国際会館へ到着し、どのように帰京したかを、覚えていない。お別れの覚悟のために、発症から逝去まで一年もの時間をくださったにもかかわらず、この世でのお別れを受け入れることができずにいた。

その夜、私は次のような夢を見た。

河合先生の長男の俊雄さんが

私たち数人に　封筒を配られる。

御礼だと言われる。

私は　三つの封筒を渡される。

同じ年の九月三十日（日）には、東京国際フォーラムにおいて、日本心理臨床学会、日本臨床心理士資格認定協会、日本臨床心理士会、指定大学院連絡協議会の、臨床心理士関連四団体によって、「河合隼雄先生を偲ぶ会」が行なわれた。大きな遺影の前に、私は〝河合隼雄人形〟（次頁）を、飾らせていただいた。先生の入院中に、たまたま見たテレビで、実在の人を模して作る人形が紹介され、私は、先生の回復を祈って作成してもらったのであった。

新聞にも、雑誌にも、先生の死を惜しむさまざまな人の声が掲載された。

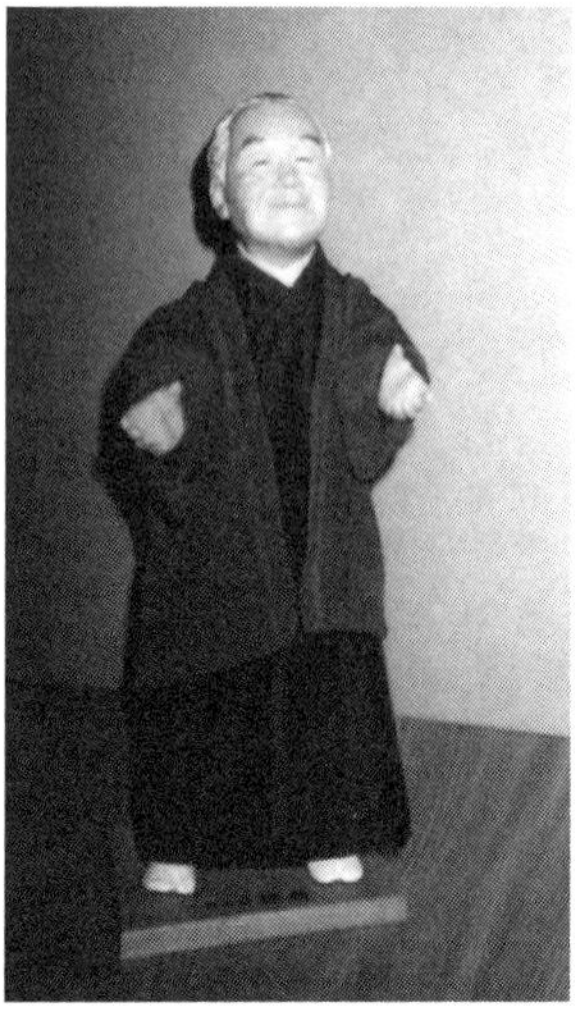

河合隼雄人形

二〇〇七年七月二十三日（月）の東京新聞のコラム「大波 小波」には、次のように記されていた。

「愉快な冗談を言いながら、瞳だけは笑っていない、そういう怖いところのある人だった。もちろん優しいのだが、頭が良すぎて、観察と思考が止まらないのだ。実は、アメリカ的なものが嫌いだった。これから、日本的な母性原理にアメリカ的な父性原理が入ってこざるを得ない、その時に日本の人々の心には大変なことが起きます。そう十何年前から言い続けていた。小泉政権下の文化庁長官であることは、本当に忸怩たるものもあった。日本の臨床心理士という新しい概念と資格をつくったのだから、とくに精神科医たちからはコテンパンにたたかれた。『私のテキは医者ですから』そう囁くのも聞いた。権力が必要だからいろいろな地位に就いたが、それは権力志向というのとは違っていたと思う。結局は『日本人のこころ』のためだった。影響は、広範囲にわたった。『村上春樹、河合隼雄に会いにいく』（新潮文庫）を読むと、村上が、この偉大な、内面への旅の先達の肉声に震撼し、深く影響を受けているのがわかる。講演会などでは聴衆を徹底的に笑わせ、いつの間にか『すっ』と、深いことを言う。『昔は坊さんというのはこういう存在だったのだな』と思わせた。あんなに躍動する知性のシャワーを浴びた、我々は倖せだ。（クライエント）」

限られた文字数での的確な表現に、私は感心した。

4 「私は死んでないのです」

十一月になって、西大寺のご自宅にうかがい、「河合隼雄先生を偲ぶ会」で飾った〝河合隼雄人形〟を、嘉代子夫人にプレゼントさせていただいた。

仏壇に安置された、白い布に包まれた骨壺の中に先生がいらっしゃるとは、とても思えなかった。

次は、そのころに見た夢である。

☽ 河合先生が中心の　国際会議。

外国から到着した大勢の方たちを　私は　案内する。

自由に話しながら　歩いている。
広い　会場。
私は　彼らに花束を渡す役目で
準備は整っている。

その後も、私は夢の中で、先生に会い続けた。
次は、二〇〇八年一月二十日の夢である。

☾河合先生を囲んで　外国からのお客様を迎えている。
外国の男性が　私のことを覚えていて　話しかけてくれるが
ふたことくらいで　終わってしまう。
河合先生の奥さまが　私に近づいて来られる。
左手に　包帯を巻いておられる。
奇麗な刺繍のハンカチで　ブラウスの襟にも刺繍がしてある。
床の間の前に　河合先生が座っておられて
記念撮影の準備になる。

私は　先生の左隣りに座る。
庭の木々が　目に入る。

先生を想う俳句は、湧き上がるように浮かんできた。

秋の空　この世を去りし人いづこ
師の去りし　この世のかなし　星月夜
白菊や　ほほえむ遺影に　三千本
師の恩に　捧ぐる花よ　白き菊
師は逝きて　見上ぐる空に　天の川
冬の月　師の住みたもう　宇宙かな
冬空に　召されたまひし　師を想う

この世でのお別れは、ひとときのこと、また天国で再会できると思っても、淋しく、哀しい。天上から、この世を見守っていてくださる、と信じてはいても。

私にとって大切な姉が、一九九五年の春、抗ガン剤の治療中に脳梗塞を発症し、天に召された。私は呆然と過ごしていたが、たまたま本屋さんの店先で、小さな詩集が目に飛び込んで来た。

こころ打たれた私は、次の面接の時に、河合先生にプレゼントした。この詩が作曲され、テノールの秋川雅史の歌声によって大流行する、ずっと以前のことである。

先生は、静かに黙読され、目を上げられると、「この詩、使わせてもらいます」とおっしゃった。そして、『ユング心理学と仏教』（岩波書店、一九九五年）のエピローグに用いられた。

その後も、先生はこの詩を、「今の心境に近くて好きな詩」とエッセーに記されたり、外国での講演などで引いておられる。先生の遺言とも思われるので、紹介したい。

一〇〇〇の風

私の墓石の前に立って
涙を流さないでください。
私はそこにはいません。

眠ってなんかいません。
私は一〇〇〇の風になって
吹きぬけています。
私はダイヤモンドのように
雲の上で輝いています。
私は陽の光になって
熟した穀物にふりそそいでいます。
秋には
やさしい雨になります。

朝の静けさのなかで
あなたが目ざめるとき
私はすばやい流れとなって
駆けあがり
鳥たちを

空でくるくる舞わせています。
夜は星になり、
私は、そっと光っています。

どうか、その墓石の前で
泣かないでください。
私はそこにはいません。
私は死んでないのです。

（『あとに残された人へ　一〇〇〇の風』作者不詳、南風《はえ》椎《しい》訳　三五館）

5　記念樹〝はなみずき〟

河合先生とこの世でお別れすることになってしまった二〇〇七年から二年経った、二〇〇九年十月三十一日（土）に、先生が学術顧問をされていた京都文教大学で、先生を偲ぶ会が開かれた。

大学院生が心理臨床を実地に学ぶ心理臨床センターの前庭に、先生を記念する〝はなみずき〟が植樹された。記念樹に、アメリカ東海岸原産の〝はなみずき〟が選ばれたのは、その時の学長鑪《たたら》幹八郎先生によると、「河合先生がお好きだった木で、桜よりもエレガントだから」、とのことであった。

〝はなみずき〟には、次のような伝説がある。幹が硬いためにキリストの十字架に選ばれて、嘆き悲しみ、枯れそうになったのを、神様が哀れんで、十字架の形と釘跡の美しい花が咲くようにされた、と。

〝はなみずき〟の植樹の日に、河合先生が講演されたことのある京都文教大学の講堂で、シンポジウムが開催された。心理臨床の各会を代表する方々が、河合先生の思い出を語られた。河合先生に関する話は、すでに知られていることで、私には表層的に思えたが、河合先生は他者を認めないことは望まれないと思い、耳を傾けた。

その頃の私は、折りあるごとに、奈良の先生のお墓へお参りに行っていた。いつ行っても墓石は磨かれ、お花が供えられていた。嘉代子夫人は墓参されるたびに「たわしでゴシゴシ洗うの」、とおっしゃっていた。先生の背中を丁寧に流していらっしゃる、ご夫妻の姿が想い浮かぶ。

相変わらず、私は、夢で先生とお会いしていた。

河合先生のお祝いの会。
大勢で　和室で食事をしている。
やがて　先生は　一人ひとりを紹介される。
私については　順番を後にして　簡単なコメントに終わる。
面接関係にあるので　あっさりと紹介されたのかと想う。
京大の方たちが　余興を演じる。
私は　座席を　廻って
食卓のこぼれた水を　拭いている。
ずいぶん遅くまで　宴は続き
二次会も計画されているらしい。
私は　目立ち過ぎないように　配慮している。

先生と同席する場で、私は、目立たないようにと、こころがけていた。先生は、日本女性に、しとやかさを望んでおられたように思う。しなやかであることも。先生は、若い女性の和服姿がお好きだった。

二〇一〇年四月二十三日（金）、父が何年にもわたる闘病生活の末に、九十七歳で永眠した。亡くなった日、たまたま放送大学の番組収録のため志摩市に出張していた私は、父の最期に立ち会えなかったが、告別式が諸般の事情で五日後になったため、この世を旅だつ父と充分な時間を過ごすことができた。

晩年の父が自己中心的になってゆくことを嘆く私に、河合先生は、「僕も年をとっているので、父さんの気持ちが分かる」とおっしゃったことがあった。しかし、私は、先生が老人であられることを、つい忘れていた。

☽河合先生のお宅に　数人で　お邪魔している。
立派な包みのお弁当を皆に出してくださる。
私は　記念写真を撮ることを思いつく。
なぜか　フラッシュがつかない。
暗い写真になってしまうのを　残念に思う。
他の人が　写真撮影をされるので
私は　さりげなく先生の隣りに座る。

先生が横たわられたので　私はひざ枕をしてさしあげる。

私たちは　何かを開催するために　話し合っている。
日本臨床心理士会のよう。
ふと気がつくと　河合先生が私の隣りにいらして
私の手に触れられる。
私は　そっと握り返す。

河合先生のお宅で　北山修氏を含む数名で話し合っている。
先生のクライエントが来られる時間になったので
テーブルの上を　片付ける。
私は　奥様から拝借した白い割烹着をお返ししようと脱ぐと
裸になってしまい　慌てて　もう一度　割烹着を着る。
奥の部屋で　奥様と　もう一人の女性が　話しておられる。
河合先生は　私たちのことを　見ていてくださるが
言葉は交わせない。

河合先生のお宅で、
まだ幼い　長男の俊雄さんの相手を　私はしている。
彼は　寝そべって　下を向いていて　みんなの輪に入らない。
非常に鋭いことの書いてある紙を　見せてくれる。

河合先生が　私にだけ　大きな紙包みのお土産をくださる。
奥様が　見つくろってくださったものらしい。
途中で包みがほどけてしまい　私は両手で抱えている。

駅の近くの階段があり　その下が
先生が帰宅する際に　おしっこをする場所だと
先を歩いていた人が　教えてくれる。

駅に向かっておられる先生が
「滝口さんは向こう側の入り口から入るように」と伝言してくださる。

私の痛みのある足を　心配してくださったようだ。

夢での先生は、ほんとうに細やかな配慮をしてくださった。現実において先生は、誰に対しても優しく関わられた。

河合嘉代子夫人が、姪御さんの河合有里さんと一緒に、京都文教大学に河合先生を記念して植えられたはなみずきを見にこられたことがあった。白とピンクのはなみずきの間に、プレートが飾られている（口絵viii頁）。先生が京都大学に在職中、研究室の衝立に飾られていた〝TRUTH　LIES　HERE〟と記されたプレートが、記念樹の根元に立てられている。京都文教大学教授名取琢自氏によると、河合先生の最初の分析家シュピーゲルマン氏との夢分析で、河合先生の夢に出てきたこの言葉を、シュピーゲルマン夫人が気に入って、プレートにしてプレゼントされたとのことである。〝真実はここにある〟とも、〝真実はここで嘘をつく〟とも読める。

シュピーゲルマン夫妻が、京都文教大学元学長の樋口和彦先生らと、河合先生のお墓に参られた時、太陽の周囲を丸い虹が囲んだという（口絵viii頁）。この時の太陽を囲む虹について、シュピーゲルマン氏はさまざまな機会に話しておられるとのことである。

日本から贈られた桜のお礼にアメリカから届いた〝はなみずき〟が、先生の記念樹として選ばれたことを、私は意義深いと感じている。河合先生の存在は、日本の文化と欧米とをむすぶ架け橋であったから。

はなみずきの間に飾られたプレート

おわりに

河合隼雄先生は、二〇〇六年に脳梗塞を発症されるまで、一九八五年から二十年以上にわたって会い続けてくださった。ご多忙を極めた先生が、何のために、何をめざして、私との面接を続けてくださったのであろうか。

お尋ねしたなら、率直な先生は、きっと応えてくださったと思う。先生のお返事を聴きたかった、と思うけれど、今となっては望めない。

私自身は、クライエントの苦悩に真に共感できるサイコセラピストでありたい、と切望して、教育分析を始めていただいた。私は、三人の子どもの母として、夫のパートナーとして、学生たちの教師として、役立つ人間でありたいと願っていた。

教育分析のために、河合先生のご都合を最優先して予定を調整することも、経済的な負担も、苦にはならなかった。私が大学教員としての収入があり、時間に恵まれ、身近な人々の理解もあって、教育分析は可能になった。何よりも、永年にわたって会い続けてくださった河合先生に、こころから感謝している。

けれどもそれは、決して、たやすい道ではなかった。

二度にわたって生命にかかわる病を体験し、「京都への往復の新幹線の揺れが身体に負担」とか「夢を記憶することで睡眠が乱れる」など、多くの方からの助言があった。私を思いやっての言葉に感謝したが、分析をやめる気持ちになったことは一度としてなかった。

教育分析に費やした膨大な時間とお金とを、他のことに用いた私の人生を、想い浮かべることはできない。たくさんの夢を聴き続けてくださったこと、現実生活へのヒントをいただけたこと、私のクライエントや学生や家族のことを思いやってくださったこと、など、先生は、私の生きる日々を支えてくださった。夢を解釈したり、生活について助言されるのではなく、私自身が私の人生に取り組むのを見守ってくださった。正確に表現するなら、私が意識している自我を超えた、「たましい」を信じてくださった。

脳の病の強烈な苦痛も、夢の世界の美しさも怖ろしさも、人間関係の難しさも、さまざまなことを受け容れての私の半生は、河合先生なくして、そして先生との教育分析なくしては、不可能であった。

しかし、そうは思いつつも、本書を公刊することには、最後まで躊躇していた。身近な人を傷つけることはないか。出版状況の厳しい今、出版社に迷惑をかけることはないか。何よりも、河合隼雄先生のお名前を汚すことにはならないか。迷いつつ、迷いつつも、書き続けてきた。
そんな時に、思いもかけず、次の夢を見た。

私は　役所（文部科学省？）に来ている。
エレベーターに乗って　上の階へと昇ってゆく。
数人の男の人が　部屋に招き入れてくれる。

帰る道すがら　私は「採用された」と思っている。

文部科学省は、河合先生に馴染み深いところであった。文化庁長官になられる前は文科省の学術顧問でいらしたし、各種審議会にも属し、座長を務められたこともあった。「特に用事がなくても、近くに行った時には立ち寄る」、といわれることもあった。「採用された」夢は、本書を書いて私の人生が終わるのではなく、新しい何かが始まることを示しているように思う（蛇足ながら、夢のままを盲信しているのではないし、何かが始まる場をこの世に限定しているのでもない）。

今日に至るまで、ご縁のあった方々に、感謝を述べさせていただきたい。

特に、本書を世に出してくださった、トランスピューの中嶋廣さんに。中嶋さんの励ましなくしては、本書を書き進めることはできなかった。

心理臨床のスタートを導き、中嶋さんとの出会いを作ってくださった、小此木啓吾先生に。

小此木先生の精神分析学から河合先生の分析心理学へと、私の心理臨床の姿勢が変容してゆく道々、あたたかく応援してくださった、精神分析学者・神田橋條治先生に。

そして、どんな時にも揺るぎない包容力で見守り続けてくださった、河合隼雄先生。言葉に表わすことのできない深い感謝を込めて、河合先生の霊前に、本書を捧げさせていただきます。

二〇一四年六月二十三日（河合隼雄先生　生誕八十六年記念の日）

滝口俊子

河合隼雄に関する文献（発行順）

『河合隼雄　その多様な世界』岩波書店　一九九二
『村上春樹、河合隼雄に会いにいく』岩波書店　一九九六
『河合隼雄を読む』講談社　一九九八
『河合隼雄』河出書房　二〇〇一
『未来への記憶―自伝の試み―』（上・下）岩波新書　二〇〇一
『さようなら、こんにちは河合隼雄さん』、『考える人　No.23』新潮社　二〇〇八
伊藤良子ほか「河合隼雄―その存在と足跡―」、『臨床心理学　Vol.8　No.1』金剛出版　二〇〇八
名取琢自ほか「河合隼雄先生追悼特集」、『京都文教大学心理臨床センター紀要　Vol.10』二〇〇八
岡田康伸ほか「河合隼雄先生追悼記念プログラム報告」、『臨床心理学部研究報告　第2集』二〇〇八
日本箱庭療法学会編集委員会編『河合隼雄と箱庭療法』創元社　二〇〇九
谷川俊太郎・鷲田清一・河合俊雄編『臨床家　河合隼雄』岩波書店　二〇〇九
中沢新一・河合俊雄編『思想家　河合隼雄』岩波書店　二〇〇九
「河合隼雄氏追悼シンポジウム」、『ユング心理学研究　第一巻　特別号』二〇〇九
大塚信一『河合隼雄　心理療法家の誕生』トランスビュー　二〇〇九

大塚信一『河合隼雄　物語を生きる』トランスビュー　二〇一〇
大場登「河合隼雄の心理療法（論）」、『放送大学研究年報　第三〇号』二〇一三
氏原寛「河合先生の思い出」、『箱庭療法学研究　Vol.26　No.2』二〇一三
「河合隼雄の事例を読む」、『ユング心理学研究　第6巻』二〇一四
河合俊雄「河合隼雄の三編」、『先達から学ぶ精神療法の世界　精神療法増刊』二〇一四
河合俊雄「河合隼雄との三度の〝再会〟」、『考える人　No.49』二〇一四

教育分析に関する文献（発行順）

河合隼雄「ユング派の分析体験」、『ユング心理学入門』培風館　一九六七
スマイリー・ブラントン／馬場謙一訳『フロイトとの日々―教育分析の記録―』日本教文社　一九七二
佐々木孝次『心の探求』せりか書房　一九八〇
前田重治『自由連想覚書』岩崎学術出版社　一九八四
ジョセフ・ウォルティス／前田重治監訳『フロイト体験―ある精神科医の分析の記録―』岩崎学術出版社　一九八九
前田重治『原光景へ』白地社　一九九五
大場登「教育分析の経験」、『臨床心理学大系　第十三巻』金子書房　一九九〇

東山紘久『教育分析の実際　家族関係を問い直す男性の事例』創元社　二〇〇七
滝口俊子「教育分析」、『心理臨床学事典』丸善出版　二〇一一
前田重治「自由連想法」、『精神分析の森』せいうん　二〇一四

滝口俊子（たきぐち　としこ）

1940年生まれ。立教大学大学院文学研究科（心理学専攻）修了。慶應義塾大学医学部神経科に入局。立教女学院短期大学教授を経て京都文教大学教授、放送大学教授などを歴任。2011年、日本心理臨床学会賞受賞。現在、放送大学名誉教授。臨床心理士として今も相談室を開設し心理臨床に携わる。著書『子どもと生きる心理学』（法藏館）、編著『現場で役立つスクールカウンセリングの実際』（創元社）、対談『真実を求めて―司祭と臨床心理士の対話―』（速水敏彦と、聖公会出版）などがある。

夢との対話
―心理分析の現場―

二〇一四年一一月五日　初版第一刷発行

著者　滝口俊子
発行者　中嶋廣
発行所　株式会社トランスビュー
東京都中央区日本橋浜町二―一〇―一
郵便番号一〇三―〇〇〇七
電話〇三（三六六四）七三三四
URL http://www.transview.co.jp

印刷・製本　中央精版印刷

ISBN978-4-7987-0153-0 C1011